W0285976

Langenscheidt

Kurzgrammatik Spanisch

von Leonardo Paredes Pernía

Langenscheidt

Berlin · München · Wien · Zürich
London · Madrid · New York · Warschau

Impressum

Herausgegeben von der Langenscheidt-Redaktion
Lektorat: Anne Ley-Schalles
Layout: Ute Weber

www.langenscheidt.de

© 2011 by Langenscheidt KG, Berlin und München
Satz: kaltnermedia GmbH, Bobingen
Druck: CS-Druck CornelsenStürtz, Berlin
Printed in Germany

ISBN 978-3-468-34982-9

11010

Vorwort

Mit unserer neuen Kurzgrammatik Spanisch bieten wir Ihnen ein Rundum-sorglos-Paket für den schnellen Überblick: Der neue Niveaustufentest, unsere Schnell-Lern-Methode und neue Übungen zum Download bringen Sie noch leichter ans Ziel!

Der **Niveaustufentest** zeigt Ihnen zu Beginn, auf welcher Stufe Sie stehen; am Ende können Sie Ihren Fortschritt überprüfen. Mit den Lösungen erhalten Sie auch Empfehlungen zur Verbesserung Ihrer Sprachkenntnisse.
Jedes Kapitel im Buch folgt einem strukturierten Aufbau: Zunächst werden die Formen präsentiert, dann wird ihr Gebrauch erörtert und durch Beispiele mit Übersetzung veranschaulicht. Auf den neuen Übersichtsseiten finden Sie die wichtigsten Regeln, weitere Beispiele und Stolpersteine „auf einen Blick“. Mit dieser **Schnell-Lern-Methode** können Sie sich einen besseren Überblick verschaffen und sich das Wichtigste noch leichter einprägen.
Die farbige Gestaltung und die Symbole tragen dazu bei, dass Sie sich innerhalb der Kapitel gut zurechtfinden.
Unter ℹ erhalten Sie Informationen zu den Spracheigenheiten des Spanischen.
Unter 💡 finden Sie einen Merksatz.
⇄ Hier wird der mündliche Sprachgebrauch dem geschriebenen Spanisch gegenübergestellt.
⚡ weist Sie auf Stolpersteine hin.
◐ Hier handelt es sich um eine Ausnahme.
L! hält einen Lerntipp für Sie bereit.
✚ gibt Ihnen eine kleine Hilfestellung.
G Hier steht eine Grundregel.
Das Symbol ▷ zeigt, wie die einzelnen Grammatikthemen zusammenhängen.

Neben den wegweisenden Symbolen warten in jedem Kapitel auch die Niveaustufenangaben A1 , A2 , B1 , B2 auf Sie. Diese verraten Ihnen, welche Grammatikthemen und welche Regeln für Ihr Lernniveau relevant sind. Die Niveaustufen beziehen sich nicht nur auf das jeweilige Grammatikkapitel, sondern auch auf das in den Beispielsätzen verwendete Vokabular. So wissen Sie auch genau, dass Ihnen dieser Wortschatz bekannt sein sollte.

In der Praxis heißt das: Ist ein Grammatikkapitel beispielsweise der Niveaustufe A1 zugeordnet, so sind alle verwendeten Vokabeln A1, es sei denn, sie sind mit einer anderen Niveaustufe, z. B. A2 (direkt vor dem jeweiligen Wort oder Satz), versehen. Alle in diesem Kapitel enthaltenen Grammatikregeln sollten Sie dann beherrschen, es sei denn, eine Niveaustufenangabe am Rand weist Sie darauf hin, dass diese Regel für ein höheres Niveau, z. B. B1, bestimmt ist.

Hier eine kurze Erläuterung, welche Kenntnisse auf diese Niveaustufen des Europäischen Referenzrahmens zutreffen:

A1/A2: *Elementare Sprachverwendung*, d. h.
A1 : Sie können einzelne Wörter und ganz einfache Sätze verstehen und formulieren.
A2 : Sie können die Gesprächssituationen des Alltags bewältigen und kurze Texte verstehen oder selbst verfassen.

B1/B2: *Selbstständige Sprachverwendung*, d. h.
B1 : Sie können sich in den Bereichen Alltag, Reise und Beruf schriftlich und mündlich gut verständigen.
B2 : Sie verfügen aktiv über ein großes Repertoire an grammatikalischen Strukturen und Redewendungen und können im Gespräch mit Muttersprachlern bereits stilistische Nuancen erfassen.

Um Ihnen den Zugang zur spanischen Grammatik in Zukunft zu erleichtern, verraten wir Ihnen in einem Extrateil vorab verschiedene Tipps & Tricks zum Grammatiklernen.

Damit Sie Ihren Lernerfolg abschließend noch besser überprüfen können, finden Sie am Ende des Buches einen Test zu jedem einzelnen Grammatikkapitel. So können Sie zum einen ganz genau feststellen, wo Sie noch Schwachstellen haben und welches Grammatikkapitel Sie sich demnach noch mal ansehen sollten, und zum anderen, wo Sie schon richtig fit sind.

Nutzen Sie unsere neuen **Übungen zum Download** auf www.langenscheidt.de/kurzgrammatik, um sich weiter zu verbessern. Hier können Sie Ihre Grammatikkenntnisse perfektionieren und das Gelernte festigen.

Nun wünschen wir Ihnen viel Spaß und Erfolg beim Spanischlernen!

Ihre Langenscheidt-Redaktion

Inhaltsverzeichnis

Abkürzungen

Adj.	Adjektiv	*Kons.*	Konsonant
Adv.	Adverb	*m.*	maskulin
best.	bestimmte/-r	*Obj.*	Objekt
bzw.	beziehungsweise	*Pers.*	Person
d. h.	das heißt	*Pl.*	Plural
dir. Obj.	direktes Objekt	*Präp.*	Präposition
etc.	et cetera	*Pron.*	Pronomen
etw.	etwas	*Sing.*	Singular
f.	feminin	*Subj.*	Subjekt
ind. Obj.	indirektes Objekt	*usw.*	und so weiter
jdm.	jemandem	*z. B.*	zum Beispiel
jdn.	jemanden		

Niveaustufentest A1

Tragen Sie für jede richtige Antwort einen Punkt in das Kästchen am Ende der Zeile ein und addieren Sie die Punkte zum Schluss. Im Anhang finden Sie die Auswertung und Empfehlungen zur Verbesserung.

1 Der Artikel

In welchem Satz ist der Artikel richtig verwendet? Kreuzen Sie richtig (✓) oder falsch (✗) an.

a. ☐ Los lunes voy a nadar. ☐

b. ☐ Voy a México en el marzo. ☐

c. ☐ El señor Marín no está en la oficina. ☐

☐

2 Das Substantiv

Schreiben Sie die Pluralform der Substantive.

a. café .... ☐

b. papel .... ☐

c. flor .... ☐

☐

3 Das Adjektiv

Ergänzen Sie die folgenden Sätze mit der passenden Form der Adjektive: azul, caro, menor.

a. Este es mi hijo .... ☐

b. Me regalaron una camisa y un pantalón

.... ☐

c. Esas revistas son muy .... ☐

☐

4 Das Personalpronomen

Setzen Sie das passende Personalpronomen an der richtigen Stelle ein.

a. A mí no .... gustan .... los huevos. ☐

b. ¿ .... ha .... llamado alguien a mí? ☐

c. .... lo .... regalaré para vuestro cumpleaños. ☐

☐

5 Die Verben ser/estar/hay

Ergänzen Sie mit: están, es, hay.

a. Las hojas .... encima de la mesa. ☐

b. En el frigorífico no .... fruta. ☐

c. La puerta .... de cristal. ☐

☐

6 Das Präsens

Übersetzen Sie die Sätze ins Spanische.

a. Wie heißt dein Vater?

.... ☐

b. Kannst du Chinesisch sprechen?

.... ☐

c. Meine Tochter ist einundzwanzig Jahre alt.

.... ☐

☐

Gesamtpunktzahl ☐

Niveaustufentest A2

1 Das Substantiv

Wo ist der Plural richtig (✓), wo falsch (✗)? Kreuzen Sie an.

a. ☐ ¿Has apagado las luzes? ☐

b. ☐ Los vierneses voy a la piscina. ☐

c. ☐ Me gustan mucho los jerseys de lana. ☐

☐

2 Der Vergleich

Bilden Sie die passende Komparativform.

a. Él habla francés. Su mujer habla francés e inglés.

.... ☐

b. La revista cuesta 3 euros. El periódico cuesta 2 euros.

.... ☐

☐

3 Das Personalpronomen

Beantworten Sie folgende Fragen und ersetzen Sie die hervorgehobenen Satzteile durch Personalpronomen.

a. ¿Ha venido **tu novia contigo**?

Sí, ... ha venido .... ☐

b. ¿Le has llevado **los regalos a Carlota**?

Sí, ... he llevado. ☐

☐

4 Das Adverb
Ergänzen Sie die Sätze mit: nunca, muy, mucho.

a. Ese viaje es .... caro.

b. Estoy cansado porque he trabajado ....

c. No he estado .... en América Latina.

5 Das Indefinido
Ergänzen Sie die Sätze mit der Indefinido-Form der Verben in Klammern.

a. Anoche tú no (cenar) .... en casa.

b. ¿A qué hora (volver) vosotras .... del cine?

c. El año pasado nosotros (estar) .... en Perú.

6 Perfekt, Indefinido oder Imperfekt?
Ergänzen Sie die Sätze mit der passenden Zeitform von: quedarse, visitar, ir.

a. De pequeña .... a menudo al campo.

b. Ayer .... en casa todo el día.

c. Este año .... dos veces a nuestra familia.

Gesamtpunktzahl

Niveaustufentest B1

1 Das Relativpronomen
Wählen Sie das richtige Relativpronomen.

a. Estos son los señores con quienes / los quienes he hablado. ☐

b. Los que / Que quieran, pueden entrar ya. ☐

c. La casa cuyo / cuya salón me gusta es muy cara. ☐

☐

2 Das Indefinido
Ergänzen Sie mit der Indefinido-Form der in Klammern angegebenen Verben.

a. ¿(Oír, tú) .... algo de lo que decían? ☐

b. No (traer) .... los CD porque se nos olvidaron. ☐

c. Ayer (almorzar, yo) .... en el bar. ☐

☐

3 Der Subjuntivo Präsens
Beantworten Sie die Fragen mit dem Subjuntivo Präsens.

a. ¿Estará Marisa en casa?

No, no creo que .... ☐

b. ¿Hablaréis mañana con el jefe?

No, no creo que mañana .... ☐

c. ¿Él va a venir a la fiesta?

No, no creo que .... ☐

☐

4 Der Imperativ

Sind folgende Sätze richtig (✓) oder falsch (✗)?

a. ☐ Vienen conmigo, por favor. ☐

b. ☐ No pregúntaselo a él. ☐

c. ☐ ¡No llegues tarde! ☐

☐

5 Das Akkusativobjekt

Ergänzen Sie die Sätze wo nötig mit der Präposition a.

a. ¿Has visto .... la secretaria? ☐

b. Se busca .... secretaria bilingüe. ☐

c. ¿Has encontrado .... algo interesante? ☐

☐

6 Die kausale bzw. die temporale Konjunktion

Verbinden Sie die Satzteile.

a. Llama a la puerta	pues	me avisaron.	☐
b. No he salido	hasta que	hace frío.	☐
c. Esperé	cuando	entrar.	☐

☐

Gesamtpunktzahl ☐

Niveaustufentest B2

1 Das Adjektiv
Setzen Sie die Adjektive an die richtige Stelle.

a. (triste) No ha estudiado y ahora es un .... empleado ....

b. (grande) Esa es una .... noticia .... Me alegro mucho.

c. (solo) No había casi nadie y al final no quedó más que un .... oyente ....

2 Der Subjuntivo
Ergänzen Sie die Sätze mit der passenden Subjuntivo-Form der Verben in Klammern.

a. Te deseo que (tener) .... suerte en tu próximo viaje.

b. Me extraña que ella no (poner) .... la calefacción con el frío que hacía anoche.

c. Es raro que el tren no (llegar) .... aún, ya tenía que estar aquí hace rato.

3 Der Subjuntivo im Que-Satz
Sind folgende Sätze richtig (✓) oder falsch (✗)?

a. Nos encanta que vayamos al cine.

b. Es evidente que no sepa qué hacer.

c. Ha dicho que vuelvas pronto.

4 Der Subjuntivo im Temporalsatz
Wählen Sie die richtige Verbform.

a. Me acostaré en cuanto termino / termine de cenar. ☐

b. Te lo conté cuando me enteré / enterara. ☐

☐

5 Der Subjuntivo im Konditionalsatz
Ergänzen Sie die Konditionalsätze.

a. Os lo cuento con tal de que no (decir) .... nada. ☐

b. Habría hecho un viaje si no (tener) .... que trabajar. ☐

c. Llámame en caso de que (necesitar) .... algo. ☐

☐

6 Der Subjuntivo im Relativsatz
Was passt zusammen? Verbinden Sie die Satzteile.

a. Conozco un dentista que	sepa más de música.	☐
b. No hay nadie que	sea muy barato.	☐
c. Estoy buscando un hotel que	es muy bueno.	☐
		☐

Gesamtpunktzahl ☐

Tipps & Tricks: Grammatik lernen, fast kinderleicht

Beneiden Sie nicht auch manchmal Kinder, die eine Sprache so ganz einfach nebenbei lernen, ohne sich über lästige Grammatikregeln oder fehlerhafte Konstruktionen Gedanken zu machen? Ganz so sorglos können wir Ihnen die Grammatik nicht nahebringen, aber nichtsdestotrotz heißt Sprachenlernen und insbesondere Grammatiklernen nicht zwingend stures Auswendiglernen und langweiliges Regelpauken. Um Ihnen den Umgang mit Grammatik etwas zu erleichtern, verraten wir Ihnen hier einige praktische Tipps & Tricks zum Grammatiklernen.

L! Das Gesetz der Regelmäßigkeit

Grammatik ist wie Sport. Wer nur einmal alle Jubeljahre trainiert, wird wohl kein Marathonläufer. Es ist sinnvoller, regelmäßig ein wenig als unregelmäßig viel zu lernen. Setzen Sie einen bestimmten Zeitpunkt fest, zu dem Sie sich ungestört der Fremdsprache widmen können, z. B. täglich eine Viertelstunde vor dem Einschlafen oder drei Mal wöchentlich in der Mittagspause. Wie immer Sie sich entscheiden: Lernen Sie kontinuierlich, denn nur so lässt sich Ihr Langzeitgedächtnis trainieren.

L! Aufwärmen lohnt sich

Gelernten Stoff zu wiederholen ist wie leichtes Joggen: Laufen Sie sich warm mit Altbekanntem, bevor Sie sich an Neues wagen. Auch wenn ständig neue Grammatikregeln auf Sie zukommen, darf das bereits Erlernte nicht vernachlässigt werden.

L! Das Salz in der Suppe

Versuchen Sie niemals zu viele Grammatikregeln auf einmal zu lernen. Man verliert schnell den Überblick und vergisst die Details. Verwenden Sie Grammatik wie das Salz in der Suppe. Ebenso wie man eine Suppe versalzen kann, kann man sich das Erlernen einer Fremdsprache erschweren, indem man versucht, sich zu viele Grammatikregeln auf einmal einzuprägen. Lernen Sie langsam, stetig und zielorientiert und verdauen Sie in kleinen Häppchen. Nur Geduld!

L! Wer ist schon perfekt ...

Immer locker bleiben! Lassen Sie sich nicht von Perfektionsgedanken leiten. Perfektion ist nicht das vordergründigste Ziel beim Erlernen einer Fremdsprache. Die Schönheit der Sprache sollte im Mittelpunkt stehen sowie das gute Gefühl, von seinem Gegenüber richtig verstanden zu werden.

L! Fehleranalyse gegen Fettnäpfchen

Haben Sie keine Angst vor Fehlern! Es ist nicht das Ziel des Lernens, keine Fehler zu machen, sondern gemachte Fehler zu bemerken. Nur wer einen Fehler im Nachhinein erkennt, kann ihn beim nächsten Mal vermeiden. Das Beherrschen grammatischer Grundregeln ist dabei durchaus hilfreich: zum einen, um einen Fehler und den vielleicht erstaunten oder verständnislosen Gesichtsausdruck des Gegenübers nachvollziehen zu können, und zum anderen, um nicht ein zweites Mal in dasselbe Fettnäpfchen zu treten.

L! Begeben Sie sich nicht ins Abseits

Grammatik ist spannend, wenn man sich einen Einblick in ihre Strukturen verschafft. Vergleichen Sie Grammatik auch in diesem Sinne mit Sport. Jede Sportart wird erst dann so richtig interessant, wenn man in der Lage ist, ihre Regeln nachzuvollziehen. Oder würden Sie auch Fußball oder Tennis anschauen, wenn es für Sie nur ein sinnfreies „Dem-Ball-Nachlaufen“ darstellen würde? Betrachten Sie eine Fremdsprache als eine Sportart, deren komplizierte Spielregeln Sie allmählich erlernen, um mitspielen und mitreden zu können, damit Sie nicht im Abseits landen.

L! Haben Sie einen Typ?

Finden Sie heraus, welcher Lerntyp Sie sind. Behalten Sie eine Regel schon im Gedächtnis, wenn Sie sie gehört haben *(Hörtyp)* oder müssen Sie sie gleichzeitig sehen *(Seh-, Lesetyp)* und dann aufschreiben *(Schreibtyp)*? Macht es Ihnen Spaß, Grammatikregeln in kleinen Rollenspielen auszuprobieren *(Handlungstyp)*? Die meisten Menschen tendieren zum einen oder anderen Lerntyp. Reine Typen kommen nur sehr selten vor. Sie sollten daher sowohl Ihren Typ ermitteln als auch Ihre Lerngewohnheiten Ihren Vorlieben anpassen. Halten Sie also Augen und Ohren offen und lernen Sie ruhig mit Händen und Füßen, wenn Sie der Typ dafür sind.

L! Sags mit einem Post-it

Auf Post-its wurden schon Heiratsanträge gemacht oder Beziehungen beendet. Also ist es kein Wunder, dass man damit auch Grammatik lernen kann. Schreiben Sie sich einzelne Regeln (idealerweise mit Beispielen, s. u.) separat auf Blätter oder Post-its und hängen Sie sie dort hin, wo Sie sie täglich sehen können, z. B. ins Bad über den Spiegel, an den Computer, den Kühlschrank oder neben die Kaffeemaschine. So verinnerlichen Sie bestimmte Regeln ganz nebenbei. Denn das Auge lernt mit.

L! Beispielsätze gegen Trockenfutter

Trockenfutter ist schwer verdaulich. Einzelne Grammatikregeln trocken aufzunehmen ebenso. Ergänzen Sie jede Regel mit Beispielsätzen. Wenn Ihnen die Beispiele, die Sie in den Lehrbüchern finden, nicht gefallen, formulieren Sie eigene!
Fortgeschrittene können in Originaltexten (Zeitungen, Büchern, Filmen, Songtexten) nach konkreten Anwendungsbeispielen suchen. So wird Grammatik leicht bekömmlich.

L! Führen Sie Selbstgespräche

Wählen Sie besonders schwierige Grammatikphänomene aus, schreiben Sie dazu einzelne Beispielsätze auf und sprechen Sie diese laut vor sich hin z. B. unter der Dusche, beim Spazierengehen oder während langer Autofahrten. Reden Sie mit sich selbst in der Fremdsprache, so prägen Sie sich auch komplizierte Wendungen ganz schnell ein.

L! Grammatik à la Karte

Wie beim Vokabellernen lässt sich auch für die Grammatik eine Art Karteikasten mit einzelnen Karten anlegen. Schreiben Sie eine Regel, eine Ausnahme oder ein Stichwort auf die eine Seite und Beispiele, Anwendungen oder Lösungen auf die andere. Schauen Sie sich die Karten regelmäßig an und sortieren Sie die, die Ihnen vertraut sind, allmählich aus.

L! Haben Sie einen Plan?

Schreiben Sie zusammengehörende Grammatikregeln auf einem großen Bogen Papier, knapp und präzise, eventuell mit Zeichnungen, Verweisen und kurzen Beispielen überschaubar zusammen und erstellen Sie Ihren persönlichen Lageplan. Mithilfe sogenannter *mind maps* gewinnen Sie schon durch das bloße Erstellen des Plans ganz schnell

Einblick in die Struktur der Sprache und verschaffen sich einen schnellen übersichtlichen Gesamtüberblick. Ob Sie dieses Papier dann auch irgendwo hinhängen oder nicht, ist nicht ausschlaggebend, denn Sie haben dann ja den Plan schon im Kopf.

L! Meerblick durch Auswendiglernen

Lernen Sie auch mal eine Grammatikregel mit dazugehörigen Beispielsätzen auswendig. Wenn Sie sich den Beispielsatz selbst ausgedacht haben, wird er Ihnen leichter als ein fremder im Gedächtnis bleiben, und Sie werden die entsprechende Regel auch schneller anwenden können. Lernen Sie auch situationsgebundene Phrasen auswendig. Feste Redewendungen mitsamt der jeweilig dahinterstehenden Grammatik parat zu haben, vereinfacht die Verständigung in den häufig wiederkehrenden Standardsituationen im Ausland. Denn wer will schon jedes Mal im Vorfeld das Kapitel Relativpronomen wiederholen, wenn er einfach nur ein Hotelzimmer buchen möchte, *das* Meerblick hat.

L! Bleiben Sie in Bewegung

Sie müssen beim Lernen nicht unbedingt am Schreibtisch sitzen. Stehen Sie auf, gehen Sie im Zimmer auf und ab oder wiederholen Sie beim Spazierengehen, beim Joggen, beim Schwimmen in Gedanken die neu gelernten Regeln. Ihr Gehirn funktioniert nachweislich besser, wenn Ihr Körper in Bewegung ist. Und Ihr Kreislauf dankt es Ihnen auch.

L! Grammatik aus dem Ei

Behelfen Sie sich beim Lernen von Grammatikregeln und -strukturen mit Eselsbrücken, Reimen, Merkhilfen und Lernsprüchen. „7-5-3 Rom schlüpft aus dem Ei" – was bei historischen Jahreszahlen funktioniert, klappt auch beim Sprachenlernen.

L! Setzen Sie Ihrer Fantasie keine Grenzen
Machen Sie sich im wahrsten Sinne ein Bild von der Situation, denn auch Bilder, die Sie im Kopf haben, dienen als Gedächtnisstützen. Versuchen Sie also, einen neuen grammatischen Begriff oder eine schwierige Regel mit einem einfachen Bild zu verknüpfen. Vor allem das Erlernen der Zeiten funktioniert besser, wenn Sie sich das, was die jeweilige Zeitform ausdrückt, visuell vorstellen. Diese Vorstellungen können abstrakt oder konkret sein. Je gefühlsintensiver ein Bild ist, desto einprägsamer ist der damit in Verbindung gebrachte grammatische Inhalt.

L! Gretchenfrage: Und wie stehts mit der Muttersprache?
Denken Sie über Ihre eigenen Sprechgewohnheiten nach und schauen Sie sich die Regeln Ihrer Muttersprache an. Die Gesetze der Fremdsprache sind viel einfacher nachvollzieh- und erlernbar, wenn man die Unterschiede zur eigenen Sprache kennt.

L! Tauschen Sie Grammatik gegen Sauerbraten
Versuchen Sie, einer anderen Person (Kind, Freund/in, Partner) die grammatischen Eigenarten einer Fremdsprache zu erklären. Niemand lernt besser als jemand, der andere unterrichtet, und sich dabei die Regeln noch mal selbst bewusst macht. Dafür erklärt Ihr Kind Ihnen sicher bei Bedarf, wie man eine MMS verschickt, oder Ihre Schwiegermutter, wie man Sauerbraten zubereitet.

L! E-Mail für Sie
Um auch schriftlich von einander zu lernen, suchen Sie sich eine/n E-Mailpartner/in und schreiben Sie kurze fremdsprachige Mails. Treffen Sie die Vereinbarung, sich gegenseitig zu korrigieren. Sie werden sehen, es macht

Spaß, sich über sprachliche Dinge auszutauschen und auf die Fehler des anderen, die vielleicht auch Ihre eigenen sind, aufmerksam zu machen.

L! Wer liest, ist im Vorteil

Wagen Sie sich langsam an fremdsprachige Lektüre heran, sei es in vereinfachter Form mit Übersetzungshilfen, sei es in Form leichter Originaltexte und schauen Sie sich die grammatischen Feinheiten gesondert an. Es zählt nicht, wie viel Sie lesen, sondern dass Sie einzelne grammatische Strukturen nachvollziehen können.

L! Haben Sie O-Töne?

Lernen Sie multimedial. Schauen Sie DVDs oder Kinofilme im Originalton und wenn möglich mit Originaluntertiteln an. Sie werden sehen, dass Sie durch das Mitlesen das Gesprochene wesentlich besser verstehen als ohne die Texthilfe. Halten Sie die DVD gelegentlich an und schreiben Sie sich interessante Wörter, Phrasen oder grammatische Strukturen auf. Ihren Fortschritt können Sie daran messen, je häufiger Ihnen Grammatikfehler von Seiten der Schauspieler auffallen.

L! Learning by doing in freier Wildbahn

Zu guter Letzt, wenden Sie die Sprache an. Reisen Sie in Länder, in denen die Sprache gesprochen wird, genießen Sie es, mit Menschen in der Sprache zu sprechen, die Sie gerade lernen oder dann auch schon können und freuen Sie sich über die Anerkennung, die Sie dafür bekommen, und die Kontakte, die Sie dabei knüpfen können – weil Sprachen verbinden …

Viel Spaß beim Spanischlernen wünscht Ihnen
Ihre Langenscheidt-Redaktion

1 Der Artikel

A1

ℹ Der Artikel ist entweder bestimmt oder unbestimmt. Er richtet sich in Genus und Numerus nach dem Substantiv, das er begleitet. ⚡ Da es im Spanischen nur maskuline und feminine Substantive gibt, sind auch die Artikel entweder maskulin oder feminin.

1.1 Der bestimmte Artikel

A1

Formen

Maskulinum Singular	Plural	Femininum Singular	Plural
el hijo *der Sohn*	**los** hijos	**la** hija *die Tochter*	**las** hijas

◐ Lo steht als neutrale Form vor Adjektiven, Pronomen, Partizipien und Adverbien: **lo** bueno *das Gute.*

💡 Der bestimmte Artikel el verschmilzt mit den Präpositionen a und de (▷ 15) zu al bzw. del:

a + el → **al**
Vamos **al** cine. *Gehen wir ins Kino.*

de + el → **del**
La playa está cerca **del** hotel. *Der Strand ist in der Nähe des Hotels.*

Gebrauch

💡 Der bestimmte Artikel wird in der Regel wie im Deutschen verwendet und steht vor Substantiven, die allgemein bekannt sind oder bereits genannt wurden:
No puedo trabajar porque **el** ordenador está roto.
Ich kann nicht arbeiten, weil der Computer kaputt ist.

↯ Anders als im Deutschen steht der bestimmte Artikel jedoch auch in folgenden Fällen:

- vor Substantiven, die eine Verallgemeinerung oder universelle Wahrheit ausdrücken:
  Los idiomas son importantes. *Fremdsprachen sind wichtig.*
- bei Zeitangaben:
  El martes no tengo clase. *Am Dienstag habe ich keinen Unterricht.* Son **las** cuatro. *Es ist 4 Uhr.*
- bei näherer Bestimmung von Körperteilen oder bei Angaben zur körperlichen Verfassung:
  Pepito tiene **el** pelo rubio. *Pepito hat blondes Haar.*
  Me duele **la** cabeza. *Mein Kopf tut mir weh.*
- vor Prozentangaben:
  El ochenta por ciento de los turistas está en la costa. *80 Prozent der Touristen sind an der Küste.*
- vor Eigennamen und manchen Ortsnamen:
  el Amazonas *der Amazonas*, **(los)** Estados Unidos *die Vereinigten Staaten*, **la** Habana *Havanna*
- bei Verben, die wie gustar funktionieren:
  No me gustan **las** gambas. *Shrimps schmecken mir nicht.*
- vor Anredeformeln und Titeln:
  El doctor García no trabaja mañana. *Doktor García arbeitet morgen nicht.*

B1 ◐ Aber: Bei don und doña + Vorname wird kein Artikel verwendet:
Don Pedro es muy simpático. *Herr Pedro ist sehr nett.*
Ebenso steht kein Artikel, wenn man eine Person direkt anspricht:
¡Buenos días, señor Martínez! *Guten Tag, Herr Martínez!*

1.2 Der unbestimmte Artikel

A1

Formen

ϟ Im Unterschied zum Deutschen haben die unbestimmten Artikel im Spanischen eine Pluralform: unos/unas.

Maskulinum Singular	Plural	Femininum Singular	Plural
un hijo *ein Sohn*	unos hijos	una hija *eine Tochter*	unas hijas

Gebrauch

A2

ϟ Der Plural des unbestimmten Artikels wird verwendet, um eine unbestimmte Menge zu bezeichnen. Im Deutschen wird der Artikel in der Regel weggelassen:
Me han regalado **unos** libros. *Sie haben mir Bücher geschenkt.*

B1

Er steht aber auch vor näher bestimmten Substantiven im Plural:
Mis padres me han regalado **unos** zapatos. *Meine Eltern haben mir ein Paar Schuhe geschenkt.*

B1

Unos/unas kann auch *einige/ein paar* bedeuten:
Te he traído **unas** revistas de Chile. *Ich habe dir ein paar Zeitschriften aus Chile mitgebracht.*

ϟ Vor otro und medio steht im Unterschied zum Deutschen *nie* der unbestimmte Artikel:
¿Nos puede traer otra servilleta, por favor? *Können Sie uns bitte noch **eine** Serviette bringen?*
Quisiera medio kilo de fresas, por favor. *Ich hätte gerne **ein** halbes Kilo Erdbeeren.*

ℹ Un/una wird mit ninguno/ninguna verneint. ϟ Vor dem Verb muss zusätzlich no stehen: Ella **no** tiene **ninguna** moto roja. *Sie hat **kein** rotes Motorrad.*

A1

2 Das Substantiv

A1

2.1 Das Genus

Spanische Substantive sind entweder maskulin oder feminin. Ein Neutrum gibt es nicht.
Viele Substantive haben im Deutschen ein anderes Genus als im Spanischen: **la** chica *das Mädchen*, **el** sol *die Sonne*. L! Lernen Sie die jeweiligen Artikel am besten gleich mit.

Formen

Die meisten maskulinen Substantive enden auf -o, die meisten femininen auf -a:

Maskulinum	Femininum
el vin**o** *der Wein*	la chic**a** *das Mädchen*
el tiemp**o** *die Zeit*	la lun**a** *der Mond*

Weitere häufige Endungen:

Maskulinum		Femininum	
-or	el col**or** *die Farbe*	**-ad**	la verd**ad** *die Wahrheit*
-aje	A2 el vi**aje** *die Reise*	**-ez**	la v**ez** *das Mal*
-ón	A2 el balc**ón** *der Balkon*	**-ción**	la can**ción** *das Lied*
-ete	el bill**ete** *die Fahrkarte*	**-zón**	A2 la ra**zón** *der Grund*
-e	el coch**e** *das Auto*	**-e**	la noch**e** *die Nacht*
-l	el so**l** *die Sonne*	**-tud**	B1 la juven**tud** *die Jugend*
-ismo	el social**ismo** *der Sozialismus*	**-triz**	A2 la ac**triz** *die Schauspielerin*

Ausnahmen:

- feminine Substantive, die auf -o oder -or enden: la fot**o** *das Foto*, la mot**o** *das Motorrad*, la man**o** *die Hand*, la radi**o** *das Radio*, la fl**or** *die Blume*

- maskuline Substantive, die auf -a enden:
  el problem**a** *das Problem*, el tem**a** *das Thema*, el sistem**a** *das System*, el program**a** *das Programm*, A2 el clim**a** *das Wetter*, el idiom**a** *die Fremdsprache*, el cav**a** *der Sekt*, el dí**a** *der Tag*, el map**a** *die Landkarte*
- Substantive auf -ista, -ante oder -ente können je nach natürlichem Geschlecht maskulin oder feminin sein. Das Genus erkennt man dann nur am Artikel: **el** tax**ista**/**la** tax**ista** *der Taxifahrer/die Taxifahrerin*, **el** cant**ante**/**la** cant**ante** *der Sänger/die Sängerin*, **el** asist**ente**/**la** asist**ente** *der Assistent/die Assistentin*.

⚡ Einige Substantive ändern ihre Bedeutung, je nachdem, ob sie in ihrer maskulinen oder in ihrer femininen Form verwendet werden:

Maskulinum	Femininum
el policía *der Polizist*	la policía *die Polizei*
el capital *das Kapital*	la capital *die Hauptstadt*
A2 el orden *die Ordnung*	la orden *der Orden, der Befehl*

⚡ Feminine Substantive, die mit betontem a- oder ha- beginnen, erhalten im Singular zwar den maskulinen Artikel, behalten jedoch ihr Genus. Im Plural steht wieder der feminine Artikel: **el** agua *das Wasser* – **las** aguas *die Gewässer* (ebenso: el hambre *der Hunger*).

Die feminine Form lässt sich beim natürlichen Geschlecht häufig von der maskulinen Form ableiten:

Maskulinum		Femininum	
-o	el hij**o** *der Sohn*	**-a**	la hij**a** *die Tochter*
-Kons.	el escritor *der Schriftsteller*	**+a**	la escritor**a** *die Schriftstellerin*

◐ Andere Substantive haben im Maskulinum und im Femininum unterschiedliche Formen:

Maskulinum	Femininum
el hombre *der Mann*	la mujer *die Frau*
el padre *der Vater*	la madre *die Mutter*

A1

2.2 Der Plural

Formen

Bei Substantiven, die auf einen Vokal enden, wird im Plural ein -s angehängt:

Singular	Plural
el curs**o** *der Kurs*	los curs**os**
la plaz**a** *der Platz*	las plaz**as**
el caf**é** *der Kaffee*	los caf**és**

◐ Ausnahmen: Folgende Substantive bilden den Plural mit -es:

- Substantive, die nur aus einer Silbe bestehen: el **mes** *der Monat* → los me**ses**
- Substantive auf -í oder -ú: el marroqu**í** *der Marokkaner* → los marroqu**íes**, el hind**ú** *der Inder* → los hind**úes**
- Substantive auf -y: el re**y** *der König* → los re**yes**, la le**y** *das Gesetz* → las le**yes**
- Substantive auf Konsonanten: el hote**l** *das Hotel* → los hote**les**, la flo**r** *die Blume* → las flo**res**, el árbo**l** *der Baum* → los árbo**les**
  (◐ aber: Bei Substantiven auf -z lautet die Pluralform -ces statt -es: la vo**z** *die Stimme* → las vo**ces**, la ve**z** *das Mal* → las ve**ces**.)

⚡ Substantive, die im Singular einen Akzent auf der letzten Silbe tragen, verlieren diesen im Plural:
la estaci**ón** *der Bahnhof* → las estaci**ones**,
el balc**ón** *der Balkon* → los balc**ones**.

⚡ Substantive, die auf unbetontem -es oder -is enden, bleiben im Plural unverändert: el mart**es** *der Dienstag* → los mart**es**, la cris**is** *die Krise* → las cris**is**.
Auch bei zusammengesetzten Substantiven auf -s sind Singular und Plural identisch: el paragua**s** *der Regenschirm* → los paragua**s**, el cumpleaño**s** *der Geburtstag* → los cumpleaño**s**.

Gebrauch

ℹ Einige Substantive werden nur im Plural verwendet, z. B.: las gafas *die Brille*, A2 las afueras *die Umgebung*, las vacaciones *der Urlaub, die Ferien*, las tijeras *die Schere*, los pantalones *die Hose*.

⚡ Manche Substantive können im Plural eine andere Bedeutung haben als im Singular: el hermano *der Bruder* – los hermanos *die Geschwister*, el abuelo *der Großvater* – los abuelos *die Großeltern*.

⚡ Einige Substantive, die im Spanischen immer im Singular stehen, werden im Deutschen grundsätzlich im Plural verwendet und umgekehrt:
La gente está contenta. ***Die Leute*** *sind zufrieden.*
Las vacaciones son importantes. ***Der Urlaub*** *ist wichtig.*
No he terminado **mis estudios.** *Ich habe* ***mein Studium*** *nicht abgeschlossen.*

Auf einen Blick

Der Artikel

Der Artikel steht in Verbindung mit einem Substantiv, das er näher bestimmt.

Der bestimmte Artikel

Der bestimmte Artikel lautet el, la, los, las.
Der maskuline bestimmte Artikel el verschmilzt mit den Präpositionen a und de: a + el → al, de + el → del.

Der unbestimmte Artikel

Der unbestimmte Artikel lautet un, una.
Im Unterschied zum Deutschen gibt es auch eine Pluralform: unos und unas.
Im Plural wird der unbestimmte Artikel gebraucht, um eine unbestimmte Menge zu bezeichnen: **unos** libros *Bücher*, **unos** zapatos *ein Paar Schuhe*.

Das Substantiv

Das Genus

Substantive sind im Spanischen entweder maskulin oder feminin, ein Neutrum gibt es nicht.
Der Artikel gibt das Genus des Substantivs an.

Substantive auf -o sind meist maskulin, auf -a feminin: el tor**o** *der Stier*, la play**a** *der Strand.*

Die häufigsten Endungen sind:
- maskulin: -o, -or, -aje, -ón, -ete, -l, -e
- feminin: -a, -dad, tad, -ez, -ie, -ción, -triz, -tud, -umbre, -zón

◐ Ausnahmen:
- Einige Wörter, die auf -a enden, sind maskulin: el tem**a** *das Thema*, el idiom**a** *die Sprache* etc.
- Einige Substantive, die auf -o und -or enden, sind feminin: la fot**o** *das Foto*, la mot**o** *das Motorrad* etc.
- Substantive auf -ista, -ante oder -ente können maskulin oder feminin sein, je nach natürlichem Geschlecht: **el** tax**ista**/**la** tax**ista** *der Taxifahrer/die Taxifahrerin*, **el** cant**ante**/**la** cant**ante** *der Sänger, die Sängerin*.

Die feminine Form lässt sich häufig von der maskulinen ableiten: el hij**o** *der Sohn* → la hij**a** *die Tochter*.
In anderen Fällen werden beide Formen mit unterschiedlichen Wörtern bezeichnet: el hombre *der Mann*, la mujer *die Frau*, el padre *der Vater*, la madre *die Mutter*.

Der Plural
💡 Der Plural wird durch Anhängen von -s oder -es gebildet:
el vino *der Wein* → los vino**s** *die Weine*
el hotel *das Hotel* → los hotel**es** *die Hotels*

◐ Folgende Substantive bilden den Plural auf -es:
- Substantive, die auf betontem -í oder -ú enden: el marroqu**í** *der Marokkaner* → los marroqu**íes** *die Marokkaner*
  el hind**ú** *der Inder* → los hind**úes** *die Inder*
- Substantive, die auf -y enden: el re**y** *der König* → los re**yes** *die Könige*
- ⚡ Bei Substantiven, die auf -z enden, lautet die Pluralendung -ces: la vo**z** *die Stimme* → las vo**ces** *die Stimmen*.

A1

3 Das Adjektiv

Adjektive beschreiben die Eigenschaften von Gegenständen, Personen etc. Sie richten sich in Genus und Numerus nach den Substantiven, auf die sie sich beziehen.

A1

3.1 Das Genus

Formen

Die meisten Adjektive enden auf -o, -e oder auf einen Konsonanten.

Adjektive, die in der maskulinen Form auf -o enden, bilden die feminine Form mit -a.

Maskulinum	Femininum
el abrigo car**o** *der teure Mantel*	la casa car**a** *das teure Haus*

Auch Adjektive, die in der maskulinen Form auf -or enden, sowie Nationalitätsadjektive, die auf -és oder -án enden, bilden die feminine Form mit -a. Der Akzent entfällt dann:

Maskulinum	Femininum
el alumno trabajad**or** *der fleißige Schüler*	la alumna trabajad**ora** *die fleißige Schülerin*
el vino franc**és** *der französische Wein*	la cultura franc**esa** *die französische Kultur*
un deportista alem**án** *ein deutscher Sportler*	una deportista alem**ana** *eine deutsche Sportlerin*

A2 Adjektive, die im Maskulinum auf -a, -e, -i, -u oder auf einen Konsonanten enden, bleiben in der femininen Form unverändert.

Maskulinum	Femininum
un chico deportist**a** *ein sportlicher Junge*	una chica deportist**a** *ein sportliches Mädchen*
el niño alegr**e** *das fröhliche Kind*	la fiesta alegr**e** *das fröhliche Fest*
el idioma difíci**l** *die schwierige Sprache*	la gramática difíci**l** *die schwierige Grammatik*

Auch folgende Adjektive bleiben im Femininum unverändert: B1

- marrón *braun*: un jersey **marrón** *ein brauner Pullover* – una chaqueta **marrón** *eine braune Jacke*
- mayor *größer/älter*: el hermano **mayor** *der ältere Bruder* – la hermana **mayor** *die ältere Schwester*
- menor *kleiner/jünger*: mi hermano **menor** *mein kleinerer Bruder* – mi hermana **menor** *meine kleinere Schwester*
- mejor *besser*: los **mejores** días *die besten Tage* – las **mejores** ofertas *die besten Angebote*
- peor *schlechter*: el **peor** tema *das schlimmste Thema* – la **peor** noticia *die schlimmste Nachricht*
- anterior *vorherig*: la lección **anterior** *die vorherige Lektion*
- posterior *später*: una operación **posterior** *eine spätere Operation*

3.2 Der Plural A1

Formen

Der Plural der Adjektive wird wie bei Substantiven mit -s oder -es gebildet.

Adjektive, die auf einen Vokal (außer auf -í oder -ú) enden, bilden den Plural mit -s:

Singular	Plural
el coche pequeñ**o**	los coches pequeñ**os**
das kleine Auto	*die kleinen Autos*

Adjektive, die auf einen Konsonanten oder auf -í bzw. -ú enden, bilden den Plural mit -es. Die Adjektive, die im Singular auf -és und -án enden, verlieren im Plural den Akzent:

Singular	Plural
el edificio azu**l**	los edificios azu**les**
das blaue Gebäude	*die blauen Gebäude*
la estudiante iran**í**	las estudiantes iran**íes**
die iranische Studentin	*die iranischen Studentinnen*
el coche alem**án**	los coches alem**anes**
das deutsche Auto	*die deutschen Autos*

A1 3.3 Die Angleichung des Adjektivs

Im Spanischen werden Adjektive *immer* an das Genus und den Numerus des Substantivs angeglichen, unabhängig von ihrer Stellung und Funktion im Satz.

Ist das Substantiv maskulin, so wird die maskuline Form des Adjektivs verwendet: El coche es bonit**o**. *Das Auto ist schön.* Los coches son bonit**os**. *Die Autos sind schön.*
Ist das Substantiv feminin, nimmt man die feminine Form: La casa es blanc**a**. *Das Haus ist weiß.* Las casas son blanc**as**. *Die Häuser sind weiß.*

Wenn ein Adjektiv sich auf mehrere Substantive bezieht, hat es das gleiche Genus wie die Substantive und steht im Plural: una mesa y una silla redondas *ein runder Tisch und ein runder Stuhl.*

Bezieht sich das Adjektiv auf mehrere maskuline und feminine Substantive, so wird in der Regel die maskuline Form im Plural verwendet:
María y Carlos son simpátic**os.** *Maria und Carlos sind nett.*

Im Gegensatz zum Deutschen werden nicht nur die attributiven Adjektive (= das Adjektiv steht direkt beim Substantiv) angeglichen, sondern auch die prädikativen (= das Adjektiv steht nach dem Verb).

Attributiv: Es **una chica** rubi**a.** *Sie ist ein blondes Mädchen.*
Es **un problema** B1 complicad**o.** *Es ist ein kompliziertes Problem.*
Prädikativ: **La chica** es rubi**a.** *Das Mädchen ist blond.*
El problema me parece complicad**o.** *Ich finde das Problem kompliziert.*

3.4 Die Stellung des Adjektivs

A1

Im Gegensatz zum Deutschen steht das spanische Adjektiv in der Regel nach dem Substantiv. Das Adjektiv hat in diesem Fall eine unterscheidende Funktion: un gato **negro** *eine schwarze Katze* – un gato **blanco** *eine weiße Katze.*

Einige Adjektive stehen allerdings immer *vor* dem Substantiv: A2

medio *(ein) halber*:	medio litro *ein halber Liter*
tanto *so viel*:	tanta gente *so viele Menschen*
mucho *viel*:	muchas horas *viele Stunden*
poco *wenig*:	pocos días *wenige Tage*

Mejor *besser* und peor *schlechter* werden meistens vorangestellt:
Ésta es la **mejor** ocasión. *Das ist die beste Gelegenheit.*
Hoy es el **peor** día de mi vida. *Heute ist der schlechteste Tag meines Lebens.*
Dasselbe gilt für **otro** *(ein) anderer/noch einer*:
Es **otra** persona. *Das ist eine andere Person.*
¡**Otra** cerveza! *Noch ein Bier.*
Denken Sie daran, dass vor otro und medio kein unbestimmter Artikel steht (▷ 1.2).

A2 Einige Adjektive werden verkürzt, wenn sie vor einem maskulinen Substantiv stehen:

bueno *gut*:	un **buen** vino *ein guter Wein*
malo *schlecht*:	un **mal** día *ein schlechter Tag*
alguno *irgendein*:	**algún** libro *irgendein Buch*
ninguno *(gar) kein*:	**ningún** problema *kein Problem*
primero *erster*:	el **primer** día *der erste Tag*
tercero *dritter*:	el **tercer** piso *das dritte Stockwerk*

B1 Grande *groß/großartig* wird vor maskulinen *und* femininen Substantiven im Singular zu gran verkürzt:
Miguel es un **gran** músico. *Miguel ist ein großer Musiker.*
Es una **gran** mujer. *Sie ist eine großartige Frau.*

In der Schriftsprache, hauptsächlich in der Dichtung, steht das Adjektiv häufig vor dem Substantiv: la **oscura** noche *die dunkle Nacht.*

4 Das Adverb

A2

Das Adverb wird verwendet, um ein Verb, ein Adjektiv, ein anderes Adverb oder einen ganzen Satz näher zu bestimmen.

Formen

Adverbien haben im Spanischen andere Formen als Adjektive. Neben den ursprünglichen Adverbien gibt es auch jene, die von Adjektiven abgeleitet werden. Beide sind unveränderlich.

Die abgeleiteten Adverbien werden gebildet, indem die Endung -mente an die feminine Form des Adjektivs angehängt wird:

f. Adjektiv	Adverb	
rápid**a**	rápid**amente**	*schnell*

Carlos trabaja rápid**amente**. *Carlos arbeitet schnell.*

Bei Adjektiven auf -e, -a oder auf Konsonant, bei denen die maskuline und die feminine Form identisch sind, wird die Endung -mente direkt an den Stamm angehängt:

f. Adjektiv	Adverb	
amable	amable**mente**	*freundlich*

Me ha B1 saludado amable**mente**. *Sie hat mich freundlich gegrüßt.*

Adverbien auf -mente werden häufig durch adverbiale Wendungen ersetzt: **Indudablemente** tiene razón. → **Sin duda** tiene razón. *Zweifellos hat er Recht.*

Weitere adverbiale Wendungen:

cortésmente → de manera cortés/con cortesía	*höflich*
frecuentemente → con frecuencia	*häufig*
B1 inmediatamente → de inmediato	*sofort*
tranquilamente → con tranquilidad	*ruhig*

Wie im Deutschen gibt es auch im Spanischen Adverbien, die nicht von einem Adjektiv abgeleitet werden. Einige dieser sogenannten ursprünglichen Adverbien sind:

- Lokaladverbien: aquí *hier*, allí *dort*, arriba *oben*, abajo *unten*
- Temporaladverbien: ahora *jetzt*, ayer *gestern*, antes *früher*, mañana *morgen*, siempre *immer*, nunca *nie*, ya *schon*, temprano *früh*, luego *später/nachher*, tarde *spät*, más tarde *später*
- Modaladverbien: bien *gut*, mal *schlecht*, despacio *langsam*, así *so*
- Adverbien der Menge: mucho *viel*, poco *wenig*, menos *weniger*, nada *nichts*, casi *fast*, bastante *ziemlich/ ziemlich viel*
- Adverbien der Bejahung, Verneinung und Vermutung: sí *ja*, no *nein*, tambien *auch*, tampoco *auch nicht*

Gebrauch

Während Adjektive ein Substantiv ergänzen und in Genus und Numerus veränderlich sind, bestimmen Adverbien ein Verb, Adjektiv oder Adverb näher und sind unveränderlich.

⚡ Im Spanischen müssen Sie besonders auf den Unterschied zwischen Adverb und Adjektiv achten, da sie oft unterschiedliche Formen haben, während die Formen im Deutschen identisch sind.

Adverb *(Wie wird etwas getan?)*	**Adjektiv** *(Wie ist etwas?)*
Ella toca **bien**.	Este libro es **bueno**.
*Sie spielt **gut**.*	*Dieses Buch ist **gut**.*
Ella toca **mal**.	Este libro es **malo**.
*Sie spielt **schlecht**.*	*Dieses Buch ist **schlecht**.*

A1

Das spanische Adverb muy *sehr* steht nur vor Adjektiven und Adverbien. Um ein Verb näher zu bestimmen, verwendet man das Adverb mucho *sehr*:
Sarah es **muy** guapa. *Sarah ist sehr schön.* Ella me gusta **mucho**. *Sie gefällt mir sehr.*

Mucho wird in der gesprochenen Sprache oft anstelle von muy als kurze Antwort verwendet, um ein Adjektiv nicht wiederholen zu müssen:
¿Te gusta el regalo? Sí, estoy **muy** contenta./Sí, **mucho**.
Gefällt dir das Geschenk? Ja, ich bin sehr zufrieden./Ja, sehr.

Stellung
Das Adverb steht in der Regel nach dem Verb, aber vor dem Adjektiv und vor einem anderen Adverb:
Lola toca **bien** el piano. *Lola spielt gut Klavier.*
El español no me parece **tan** difícil. *Ich finde Spanisch nicht so schwer.*

Adverbien, die Zweifel oder Unsicherheit ausdrücken, stehen vor dem Verb:
Probablemente B1 vengan más tarde. *Wahrscheinlich kommen sie später.* **Quizás** B1 vengan mañana. *Vielleicht kommen sie morgen.*

A2
5 Der Vergleich

A2
5.1 Der Komparativ

Formen

- Der Komparativ der Überlegenheit:

más + Adjektiv + **que**	Patricia es **más aplicada que** Carmen. *Patricia ist **fleißiger als** Carmen.*
más + Adverb + **que**	María trabaja **más rápidamente que** yo. *María arbeitet **schneller als** ich.*

- Der Komparativ der Unterlegenheit:

menos + Adjektiv + **que**	Patricia es **menos aplicada que** Carmen. *Patricia ist **weniger fleißig als** Carmen.*
menos + Adverb + **que**	María habla **menos rápidamente que** yo. *María spricht **weniger schnell als** ich.*

- Der Komparativ der Gleichheit:

tan + Adjektiv + **como**	Patricia es **tan aplicada como** Carmen. *Patricia ist **so fleißig wie** Carmen.*
tan + Adverb + **como**	María trabaja **tan rápidamente como** yo. *María arbeitet **so schnell wie** ich.*
tanto/-a/-os/-as + Substantiv + **como**	Ella gasta **tanto dinero como** yo. *Sie gibt **genauso viel Geld** aus **wie** ich.*

⚡ Unregelmäßige Komparativformen:

Adjektiv/Adverb	Komparativ
bueno/bien *gut*	mejor *besser*
malo/mal *schlecht*	peor *schlechter*
grande *groß*	mayor *älter*
pequeño *klein*	menor *jünger*

In räumlicher Bedeutung gebraucht, werden grande und pequeño regelmäßig gesteigert:
El piso de los Pérez es **más grande que** el nuestro. *Die Wohnung von Herrn und Frau Pérez ist **größer als** unsere.*

5.2 Der Superlativ

A2

Im Spanischen unterscheidet man zwischen dem relativen und dem absoluten Superlativ.

Formen

Der *relative Superlativ* wird mit el/la/los/las más + Adjektiv bzw. mit einem Relativsatz + Adverb gebildet.

- Der Superlativ der Überlegenheit:

best. Artikel + **más** + Adj.	Es **la más pequeña** de todas. *Sie ist **die kleinste** von allen.*
Relativsatz + **más** + Adv.	Soy **el que trabaja más rápidamente.** *Ich arbeite **am schnellsten.***

- Der Superlativ der Unterlegenheit:

best. Artikel + **menos** + Adj.	Estos ejercicios son **los menos difíciles.** *Diese Übungen sind **am leichtesten.***
Relativsatz + **menos** + Adv.	Soy **el que trabaja menos rápidamente.** *Ich arbeite **am langsamsten.***

B1 Der *absolute Superlativ* wird entweder mit muy + Adjektiv/ Adverb gebildet oder mit der Endung -ísimo/-a/-os/-as bzw. ísimamente:

Adjektiv	Adverb
A1 Patricia es **muy aplicada**.	María trabaja **muy rápidamente**.
Patricia ist sehr fleißig.	*María arbeitet sehr schnell.*
Patricia es **aplicadísima**.	María trabaja **rapidísimamente**.
Patricia ist überaus fleißig.	*María arbeitet furchtbar schnell.*

Bei Adjektiven, die auf einen Konsonanten enden, wird die Endung -ísimo, -ísima, -ísimos, -ísimas an den Singular angehängt:

fácil *einfach* → facil**ísimo/-a/-os/-as** *sehr einfach*
difícil *schwierig* → dificil**ísimo/-a/-os/-as** *sehr schwierig*

Bei Adjektiven, die auf einen Vokal enden, wird dieser durch die Endung -ísimo, -ísima, -ísimos, -ísimas ersetzt:

peligroso *gefährlich* → peligros**ísimo/-a/-os/-as** *sehr gefährlich*
grande *groß* → grand**ísimo/-a/-os/-as** *sehr groß*

Unregelmäßige Adjektive bzw. Adverbien:

lejos *weit weg* → lejísimos *sehr weit weg*
pobre *arm* → paupérrimo *sehr arm*
libre *frei* → libérrimo *sehr frei*

Auf einen Blick

Das Adjektiv

Adjektive richten sich in Genus und Numerus nach dem Substantiv, auf das sie sich beziehen.

Genus

Die meisten Adjektive auf -o sind maskulin, die meisten Adjektive auf -a feminin. Die häufigsten Endungen sind -o, -e oder ein Konsonant. Manche Adjektive bleiben in der femininen Form unverändert: un hombre deportist**a** *ein sportlicher Mann*, una chica deportist**a** *ein sportliches Mädchen* etc.

Adjektive auf -or oder Nationalitätsadjektive, die auf einen Konsonanten enden, hängen in der femininen Form ein -a an: un chico alemán *ein deutscher Junge*, una chica aleman**a** *ein deutsches Mädchen*.

Der Plural

Adjektive bilden den Plural durch Anhängen von -s oder -es: un coche pequeño *ein kleines Auto* → coche**s** pequeño**s** *kleine Autos*, un coche alemán *ein deutsches Auto* → coche**s** aleman**es** *deutsche Autos*.

Die Stellung des Adjektivs

Anders als im Deutschen steht das spanische Adjektiv in der Regel nach dem Substantiv: el vino **blanco** *der Weißwein*.

Adjektive wie mucho *viel*, poco *wenig*, otro *(ein/-e) andere/-r/-s* werden aber vorangestellt: **mucho** dinero *viel Geld*, **otra** cerveza *noch ein Bier*, **poco** tiempo *wenig Zeit*.

Das Adverb

Abgeleitete Adverbien

Das Adverb ist im Spanischen unveränderlich. Manche Adverbien sind aus Adjektiven abgeleitet: rápido → rápida**mente**, amable → amable**mente**.

Ursprüngliche Adverbien

Das Spanische verfügt über Adverbien, die nicht von einem Adjektiv abgeleitet werden, z. B. aquí *hier*, arriba *oben*, ahora *jetzt*, mañana *morgen*, siempre *immer* etc.

Die Stellung des Adverbs

Ein Adverb steht in der Regel nach dem Verb, sonst vor dem Adjektiv oder einem anderen Adverb: Judith habla **bien** el italiano. *Judith spricht **gut** Italienisch.* Esto no es **tan** fácil. *Das ist nicht **so** leicht.*

Der Vergleich

Um Ungleichheit oder Gleichheit zum Ausdruck zu bringen, benutzt man más/menos + Adjektiv/Substantiv/Adverb que … oder tan + Adjektiv/Adverb como:
Carmen es **más** guapa **que** Ana. *Carmen ist **hübscher als** Ana.* Carmen es **tan** inteligente **como** Pepe. *Carmen ist **so intelligent wie** Pepe.*
Der relative Superlativ wird mithilfe von el/la/los/las más + Adjektiv (+ de) gebildet:
Carmen es **la más** guapa **de** todas. *Carmen ist **die hübscheste** von allen.*
Der absolute Superlativ wird, außer bei einigen unregelmäßigen Formen, mit muy vor dem Adjektiv oder durch Anhängen von -ísimo/-a an das Adjektiv gebildet:
Carmen es **muy** guapa oder Carmen es guap**ísima**.
*Carmen ist **sehr** hübsch.*

6 Das Pronomen

A1

6.1 Das Personalpronomen

A1

Das Personalpronomen kann verschiedene Funktionen im Satz übernehmen. Im Spanischen gibt es Subjekt-, Objekt- und Reflexivpronomen.

Formen

Subj.-pronomen	dir. Objekt-pronomen	indir. Obj.-pronomen	A2 betonte Formen
yo *ich*	me *mich*	me *mir*	a mí *mich/mir*
tú *du*	te *dich*	te *dir*	a ti *dich/dir*
él *er*	lo/le *ihn/es*	le *ihm*	a él *ihn/es/ihm*
ella *sie*	la *sie/es*	le *ihr*	a ella *sie/ihr*
usted *Sie*	lo/la *Sie*	le *Ihnen*	a usted *Sie/Ihnen*
nosotros/-as *wir*	nos *uns*	nos *uns*	a nosotros/-as *uns*
vosotros/-as *ihr*	os *euch*	os *euch*	a vosotros/-as *euch*
ellos/-as *sie*	los/les/las *sie*	les *ihnen*	a ellos/-as *sie/ihnen*
ustedes *Sie*	los/las *Sie*	les *Ihnen*	a ustedes *Sie/Ihnen*

Reflexivpronomen
me *mich*
te *dich*
se *sich*
nos *uns*
os *euch*
se *sich*

Neben den unbetonten Objektpronomen gibt es auch die betonten Formen, die – mit Ausnahme von mí und ti – identisch mit den Subjektpronomen sind.

A2 ℹ Die Form usted/ustedes *Sie* ist die Höflichkeitsform im Singular bzw. Plural. In Lateinamerika wird zum Teil ustedes anstelle von vosotros verwendet, um mehrere Personen anzusprechen. In manchen lateinamerikanischen Ländern wird außerdem vos für die 2. Person Singular tú verwendet: Quiero ir al cine con **vos**. *Ich möchte mit* ***dir*** *ins Kino gehen.* Es un regalo para **vos**. *Es ist ein Geschenk für* ***dich***.

Mit der Präposition con entstehen zwei besondere Formen:

con + mí → conmigo *mit mir*
con + ti → contigo *mit dir*

Gebrauch

- Die *Subjekt*pronomen

⚡ Im Gegensatz zum Deutschen wird im Spanischen das Subjektpronomen in der Regel weggelassen, weil man an der Endung des Verbs erkennen kann, wer das Subjekt des Satzes ist: Hoy trabaj**o**. *Heute arbeite* ***ich***.

Das Subjektpronomen wird jedoch verwendet:

- um auf ein neues Subjekt aufmerksam zu machen: **Yo** siempre voy a Francia, pero **ellos** prefieren Italia. ***Ich*** *fahre immer nach Frankreich,* ***sie*** *bevorzugen Italien.*
- um jemanden genau zu identifizieren: ¿Es **usted** el profesor? No, **yo** no soy el profesor. El profesor es **él**. *Sind* ***Sie*** *der Professor? Nein,* ***ich*** *bin nicht der Professor. Der Professor ist* ***er***.
- um Verwechslungen – insbesondere wenn die Form des Verbs identisch ist – zu vermeiden: **Ella** no tiene trabajo, pero **él** trabaja en una fábrica. ***Sie*** *hat keine Arbeit, aber* ***er*** *arbeitet in einer Fabrik.*

- Die *Objekt*pronomen

Die unbetonten Formen der Objektpronomen stehen niemals allein, sondern immer beim Verb:
Me gusta el libro. ***Ich*** *mag das Buch.*

In der Regel bezieht sich lo/los auf Personen und Sachen. In vielen Regionen Spaniens wird jedoch auch le/les als direktes Objektpronomen verwendet, um männliche Personen zu bezeichnen:
¿**Le** has vuelto a ver? *Hast du* ***ihn*** *wieder gesehen?*

Stehen zwei Pronomen der 3. Person in einem Satz, so wird das indirekte Objektpronomen le/les zu se: A2

le/les + lo → se lo
le/les + la → se la
le/les + los → se los
le/les + las → se las

¿Le has contado ya la historia? *Hast du* ***ihr/ihm*** *die Geschichte schon erzählt?* – Sí, ya **se la** he contado. *Ja, ich habe sie* ***ihr/ihm*** *erzählt.*

Die betonten Objektpronomen werden in Verbindung mit einer Präposition verwendet und können im Gegensatz zu den unbetonten Objektpronomen allein stehen: A2
¿Para quién es esta A2 revista? – Para **mí**. *Für wen ist diese Zeitschrift? – Für* ***mich.***
In Verbindung mit der Präposition a werden sie zur Verstärkung der unbetonten Objektpronomen verwendet:
A mí me A2 encantan las A2 tartas de chocolate.
Ich *esse sehr gerne Schokoladentorten.*

Stellung

Bei den einfachen Zeiten (▷ 8) steht das direkte Objektpronomen vor dem konjugierten Verb:
Me ayudan a preparar la fiesta. *Sie helfen **mir**, das Fest vorzubereiten.*
Bei zusammengesetzten Zeiten steht es vor dem Hilfsverb haber:
Carlos no **lo** ha hecho. *Carlos hat **es** nicht getan.*

A2 ⚡ Das direkte Objektpronomen wird an den bejahten Imperativ (▷ 10) angehängt:
¡Hága**lo**! *Machen Sie **es**!*
Bei Modalverben und verbalen Umschreibungen (▷ 7) gibt es zwei Möglichkeiten: Das direkte Objektpronomen kann an den Infinitiv (▷ 11) und das Gerund (▷ 13) angehängt werden oder vor dem konjugierten Verb stehen:
No puedo llamar**te**./No **te** puedo llamar. *Ich kann **dich** nicht anrufen.*
¿Cómo es la B1 novela? Estoy leyéndo**la**./**La** estoy leyendo. *Wie ist der Roman? Ich lese **ihn** gerade.*

A2 ⚡ Stehen zwei unbetonte Objektpronomen in einem Satz, so steht das indirekte immer vor dem direkten:
¿**Os** han B1 devuelto **el libro**? – Sí, **nos lo** han B1 devuelto. *Haben sie **euch das Buch** zurückgegeben? – Ja, sie haben **es uns** zurückgegeben.*

A2 ⚡ Steht das direkte oder das indirekte Objekt zur Betonung am Satzanfang, so muss es durch das entsprechende Pronomen nach dem Bezugswort wieder aufgenommen werden:
Las llaves **las** tiene Carmen. *Die Schlüssel hat Carmen.*

Im Gegensatz zu unbetonten Objektpronomen können betonte Objektpronomen an verschiedenen Stellen stehen:

A mí eso no me gusta. *Das gefällt mir nicht.*
Eso **a mí** no me gusta.
Eso no me gusta **a mí**.

6.2 Das Possessivpronomen

A1

Formen

Im Spanischen gibt es unbetonte und betonte Possessivpronomen, die adjektivisch verwendet werden. Das bedeutet, dass sie ein Substantiv begleiten.

Die unbetonten Formen lauten wie folgt:

A2

Singular m./f.	Plural m./f.
mi *mein/-e*	mis *meine*
tu *dein/-e*	tus *deine*
su *sein/-e, ihr/-e, Ihr/-e*	sus *seine, ihre, Ihre*
nuestro *unser/-e*	nuestros *unsere*
vuestro *eu(e)r/-e*	vuestras *eure*
su *ihr/-e, Ihr/-e*	sus *ihre, Ihre*

Die betonten Formen lauten wie folgt:

A2

Singular m.	 f.	Plural m.	 f.
mío	mía	míos	mías
tuyo	tuya	tuyos	tuyas
suyo	suya	suyos	suyas
nuestro	nuestra	nuestros	nuestras
vuestro	vuestra	vuestros	vuestras
suyo	suya	suyos	suyas

Im Gegensatz dazu gibt es auch substantivisch gebrauchte Possessivpronomen, die Substantive ersetzen. Sie stimmen in der Form mit den betonten Possessivpronomen überein und werden stets von einem bestimmten Artikel begleitet:

Singular **m./f.**	**Plural** **m./f.**
el mío/la mía *meiner/meine/meins* el tuyo/la tuya *deiner/deine/deins* usw.	los míos/las mías *meine* los tuyos/las tuyas *deine* usw.

Gebrauch

Die unbetonten Possessivpronomen stehen vor dem Substantiv:
Mis padres viven en Múnich. *Meine Eltern wohnen in München.*

A2 Die betonten Possessivpronomen stehen nach dem Substantiv, wenn es von einem Artikel, einem Demonstrativpronomen oder einem Zahlwort begleitet wird: Ese vecino **vuestro** es muy amable. *Dieser Nachbar von euch ist sehr nett.*
Sie stimmen in Geschlecht und Zahl mit ihrem Bezugswort überein:
Es una muy buena amiga **mía**. *Es ist eine sehr gute Freundin von mir.*

Die substantivisch gebrauchten Possessivpronomen können allein stehen, um die Wiederholung eines Substantivs zu vermeiden:
¿De quién es el libro? Es el **mío**. *Wem gehört das Buch? Es gehört **mir**.*

6.3 Das Demonstrativpronomen

A1

Formen

Es gibt im Spanischen drei verschiedene Demonstrativpronomen: este, ese und aquel. Sie stehen vor dem Substantiv und richten sich in Numerus und Genus nach diesem.

Maskulinum Sing.	Maskulinum Pl.	Femininum Sing.	Femininum Pl.
este perro *dieser Hund*	**estos** perros	**esta** lámpara *diese Lampe*	**estas** lámparas
ese chico *dieser Junge da*	**esos** chicos	**esa** flor *diese Blume da*	**esas** flores
aquel lago *dieser See dort*	**aquellos** lagos	**aquella** casa *dieses Haus dort*	**aquellas** casas

Gebrauch

Die Demonstrativpronomen können genauso wie die Possessivpronomen adjektivisch oder substantivisch gebraucht werden. In beiden Fällen richten sie sich in Genus und Numerus nach dem Substantiv, auf das sie sich beziehen:

adjektivischer Gebrauch: **Esta revista** es mía. *Diese Zeitschrift gehört mir.*
substantivischer Gebrauch: **Esta** es mía. *Diese hier gehört mir.*

Este/-a/-os/-as werden für Personen und Dinge verwendet, die sich in der Nähe des Sprechenden befinden: **Este** teléfono funciona mal. ***Dieses** Telefon funktioniert schlecht.*

Ese/-a/-os/-as werden für Personen und Dinge gebraucht, die sich etwas weiter weg vom Sprechenden befinden:
Esos periódicos son del mes pasado. ***Diese Zeitungen da*** *sind vom vergangenen Monat.*

Aquel/-la/-los/-las wird für Personen und Dinge verwendet, die sich weit entfernt vom Sprechenden befinden:
Aquellas casas son bonitas. ***Diese Häuser dort*** *sind schön.*

Wenn die Demonstrativpronomen allein stehen und ein Substantiv ersetzen, tragen sie zur Unterscheidung von den anderen Formen einen Akzent:
¿Qué casa te gusta más, **ésta** o **aquélla**? *Welches Haus gefällt dir besser,* ***das hier*** *oder* ***jenes dort****?*

Die neutralen Formen esto *das*, eso *das da* und aquello *das dort* vertreten immer eine Sache oder eine Handlung, die man nicht benennen will oder kann. Sie tragen nie einen Akzent: ¿Qué es **esto**? *Was ist* ***das****?*

A1 6.4 Das Relativpronomen

Formen

que	*der, die, das, welche/-r/-s*
lo que	*das, was*

Gebrauch

Que ist das häufigste Relativpronomen. Es bezieht sich auf Personen und Sachen und ist unveränderlich:
Los alumnos **que** no han A2 aprobado el examen pueden repetirlo. *Die Schüler, die die Prüfung nicht bestanden haben, können sie wiederholen.*

Que kann mit oder ohne Artikel gebraucht werden, wenn es bei einer Präposition steht: B2

- Nach einsilbigen Präpositionen bei Sachen steht que meistens ohne Artikel: A2
  La mesa en **que** trabajo está llena de papeles. *Der Tisch, an dem ich arbeite, ist voll mit Papier.*
- Nach einsilbigen Präpositionen bei Personen steht que mit Artikel. Der Artikel stimmt in Genus und Numerus mit dem Bezugswort überein:
  La señora con la **que** has hablado es mi jefa. *Die Frau, mit der du geredet hast, ist meine Chefin.*
- Nach mehrsilbigen Präpositionen steht que mit Artikel:
  La B1 empresa para **la que** trabajo es muy grande. *Die Firma, für die ich arbeite, ist sehr groß.*

Lo que bezieht sich auf den Inhalt eines vorangehenden oder nachfolgenden Satzes: B2
Nunca hace **lo que** le digo. *Nie tut er, was ich ihm sage.*

6.5 Das Indefinitpronomen B1

Im Spanischen gibt es verbundene Indefinitpronomen, die ein Substantiv begleiten, und unverbundene Indefinitpronomen, die anstelle eines Substantivs stehen.

Formen

Verbundene Indefinitpronomen:

cada	*jede/-r/-s, alle*
B2 cualquier	*jede/-r/-s, irgendein/-e*

Die verbundenen Indefinitpronomen werden adjektivisch verwendet. Sie stehen niemals allein.

Unverbundene Indefinitpronomen:

alguien	*jemand*
algo	*etwas*
cualquiera	*jede/-r/-s Beliebige*
A2 nada	*nichts*
A2 nadie	*niemand*
cada uno, cada una	*jede/-r Einzelne*

Gleichzeitig verbundene und unverbundene Formen:

alguno/-a/-os/-as	*irgendein/-e, einige, ein paar*
ninguno/-a	*kein/-e/-er, niemand*
A2 otro/-a/-os/-as	*ein/-e andere/-r/-s, noch ein/-e/-er*
A2 todo/-a/-os/-as	*jede/-r/-s, alle*

Gebrauch

Cada und cualquier werden nur im Singular verwendet und sind im Genus unveränderlich:

Cada día hay algo nuevo. *Jeden Tag gibt es was Neues.*

Cualquier noticia de Chile le interesa. *Jede Nachricht aus Chile interessiert ihn.*

Alguien, algo, cualquiera, nada und nadie sind unveränderlich:

¿Te ha visto **alguien**? *Hat dich jemand gesehen?*

En esta ciudad hay **algo** que ver. *In dieser Stadt gibt es etwas zu sehen.*

Puedes preguntar a **cualquiera**. *Du kannst jeden Beliebigen fragen.*

No comen **nada**. *Sie essen nichts.*

Nadie te puede ayudar. *Niemand kann dir helfen.*

Cada uno hat eine weibliche Form:

En esta familia **cada uno/una** tiene su coche. *In dieser Familie hat jeder sein Auto.*

Einige Indefinitpronomen werden sowohl verbunden als auch unverbunden gebraucht, d. h. sie können ein Substantiv begleiten oder es vertreten:
¿Tienes **alguna** idea? *Hast du irgendeine Idee?*
Algunos no volverán más. *Einige werden nicht wiederkommen.*
Ninguno ha visto nada. *Keiner hat etwas gesehen.*

Alguno wird vor männlichen Substantiven zu algún, ninguno zu ningún:
Algún día lo sabremos. *Wir werden es irgendwann erfahren.*
Ningún viaje me ha costado tanto como éste. *Keine Reise hat mich so viel gekostet wie diese.*

⚡ Todo mit einem Substantiv + Artikel hat im Singular und im Plural unterschiedliche Bedeutungen:
- todo/toda + el/la + Substantiv = *der, die, das Ganze:* Se han comido **toda la paella**. *Sie haben die ganze Paella aufgegessen.*
- todos/todas + los/las + Substantiv = *alle, jede:* **Todos los oyentes** se pusieron de pie. *Alle Zuhörer sind aufgestanden.*

6.6 Das Interrogativpronomen

A1

Formen

qué	*was, welche/-r/-s, was für ein/-e*
cuál, cuáles	*welche/-r/-s, was für ein/-e*
quién, A2 quiénes	*wer*
cuánto/-a/-os/-as	*wie viel*

ℹ Interrogativpronomen tragen immer einen Akzent.
¿**Qué** quieres? *Was willst du?*
Creo que no es verdad. *Ich glaube, es stimmt nicht.*

Gebrauch

- ⚡ Qué fragt nach Personen oder Sachen und kann allein (*was ...*) oder vor einem Substantiv (*welcher ... oder was für ein ...*) stehen:
  ¿**Qué** crees tú? *Was glaubst du?*
  ¿**Qué** blusa has comprado? *Welche Bluse hast du gekauft?*
  Es kann aber auch nach einer Präposition stehen:
  ¿Por **qué** estudias español? *Warum lernst du Spanisch?*

- Quién/quiénes (*wer?*) fragt nach Personen und steht ohne Substantiv:
  ¿**Quién** me puede dar su dirección? *Wer kann mir seine Adresse geben?*
  Wenn man erwartet, dass es sich um mehrere Personen handelt, verwendet man die Pluralform quiénes:
  ¿**Quiénes** son esos chicos? *Wer sind diese Jungen?*
  Auch quién/-es kann mit Präposition verwendet werden:
  ¿A **quién** le has regalado tu reloj? *Wem hast du deine Uhr geschenkt?*

Auf einen Blick

Das Pronomen

Pronomen vertreten Substantive im Satz.

Das Personalpronomen

Es gibt Subjekt-, Objekt- und Reflexivpronomen.

Subjektpronomen:

Singular		**Plural**	
yo	*ich*	nosotros/nosotras	*wir*
tú	*du*	vosotros/vosotras	*ihr*
él	*er*	ellos	*sie*
ella	*sie*	ellas	*sie*
usted	*Sie*	ustedes	*Sie*

Die Subjektpronomen werden im Spanischen meist weggelassen, da man das Subjekt des Satzes an der Endung des Verbs erkennen kann. In manchen Fällen werden sie jedoch zur Betonung gebraucht:
Vamos a tomar algo. *Wir gehen aus.*
Ella es muy amable, pero **él** es antipático. ***Sie*** *ist sehr nett, aber* ***er*** *ist unsympathisch.*

Unbetonte Objektpronomen:

Singular		**Plural**	
me	*mich/mir*	nos	*uns*
te	*dich/dir*	os	*euch*
lo/le	*ihn/ihm*	los/les	*sie/ihnen*
la/le	*sie/ihr*	las/les	*sie/ihnen*
lo/la/le	*Sie/Ihnen*	los/las/les	*Sie/Ihnen*

Die unbetonten Objektpronomen werden nur in Verbindung mit einem Verb gebraucht.

Betonte Objektpronomen:

Singular		**Plural**	
a mí	*mich/mir*	a nosotros	*uns*
a ti	*dich/dir*	a vosotros	*euch*
a él	*ihn/ihm*	a ellos	*sie/ihnen*
a ella	*sie/ihr*	a ellas	*sie/ihnen*
a usted	*Sie/Ihnen*	a ustedes	*Sie/Ihnen*

Betonte Objektpronomen stehen nur nach Präpositionen.
Es gibt zwei besondere Formen:
conmigo *mit mir*, contigo *mit dir.*

Bei der Kombination von le/les + lo/la/los/las wird le/les zu se:
¿Y el paquete? – **Se** lo he enviado por correo. *Und das Paket? – Ich habe es* ***ihm*** *per Post gesendet.*

Das Possessivpronomen
Wie bei den Objektpronomen gibt es auch unbetonte und betonte Possessivpronomen. Sie stimmen in Genus und Numerus mit ihrem Bezugswort überein:
Ella es nuestr**a** herman**a**. *Sie ist unsere Schwester.*
Ellas son nuestr**as** herman**as**. *Sie sind unsere Schwestern.*

Die unbetonten Possessivpronomen stehen vor dem Substantiv, die betonten Formen stehen nach einem Substantiv, wenn dieses von einem Artikel, einem Demonstrativpronomen oder einem Zahlwort begleitet wird.

Unbetonte Possessivpronomen:

Singular		Plural	
mi	*mein/-e*	mis	*mein/-e*
tu	*dein/-e*	tus	*dein/-e*
su	*sein/-e, ihr/-e, Ihr/-e*	sus	*sein/-e, ihr/-e, Ihr/-e*
nuestro/-a	*unser/-e*	nuestros/-as	*unsere*
vuestro/-a	*euer/-e*	vuestros/-as	*eure*
su	*sein/-e, ihr/-e, Ihr/-e*	sus	*ihre, Ihre*

Betonte Possessivpronomen:

Singular	Plural
mío/-a	míos/-as
tuyo/-a	tuyos/-as
suyo/-a	suyos/-as
nuestro/-a	nuestros/-as
vuestro/-a	vuestros/-as

Demonstrativpronomen

Es gibt drei Demonstrativpronomen, die verschiedene Entfernungen vom Sprecher bezeichnen. Sie stehen vor dem Substantiv und richten sich in Genus und Numerus nach diesem. Sie können aber auch ohne Substantiv stehen und es ersetzen.

nah	*etwas entfernt*	*weit entfernt*
este/-a	ese/-a	aquel/aquella
estos/-as	esos/-as	aquellos/aquellas

Relativpronomen

Que *der*, *die*, *das*, *welche/-r/-s* bezieht sich auf Personen oder Sachen, während quien, quienes *wer* sich nur auf Personen bezieht. Das Relativpronomen lo que *das*, *was* bezieht sich auf den Inhalt eines vorangehenden oder folgenden Satzes.

Indefinitpronomen

Im Spanischen gibt es verbundene Indefinitpronomen, die ein Substantiv begleiten, und unverbundene Indefinitpronomen, die anstelle eines Substantivs stehen:

Cada alumno lo sabe. ***Jeder*** *Schüler weiß das.*

Cualquiera lo sabe. ***Jeder*** *weiß das.*

Interrogativpronomen

⚡ Interrogativpronomen tragen immer einen Akzent:

¿Cómo te llamas? *Wie heißt du?*

¿Qué estudias? *Was studierst du?*

¿Cuál es tu hermano? *Welcher ist dein Bruder?*

¿Quién es Cervantes? *Wer ist Cervantes?*

7 Das Verb

A1

Die spanischen Verben werden nach ihrer Infinitivendung in drei Konjugationsgruppen eingeteilt: Die Verben der 1. Konjugationsgruppe enden auf -ar, die der 2. Gruppe auf -er und die der 3. auf -ir. Die meisten Verben gehören der ersten Gruppe an.

7.1 Die Verben „ser", „estar" und „hay"

A1

Die Verben ser und estar entsprechen beide dem deutschen Verb *sein*, wobei ser wesentliche Eigenschaften und estar vorübergehende Merkmale bezeichnet. Hay ist eine unpersönliche Form des Hilfsverbs haber *haben* und bedeutet *es gibt/da ist/da sind*.

Gebrauch

Das Verb ser wird verwendet:

- um Personen oder Sachen zu identifizieren:
  Rocío Hernández **es** mi profesora de español. *Rocío Hernández ist meine Spanischlehrerin.*
- für Zeitangaben:
  Son las cuatro. *Es ist vier Uhr.*
- vor der Präposition de zur Angabe der Herkunft, des Besitzes:
  Estas estudiantes **son** de Italia. *Diese Studentinnen sind aus Italien.*
  El libro **es** de mi padre. *Das Buch gehört meinem Vater.*
- für Preisangaben:
  ¿Cuánto **es**? *Wie viel macht das?*
  (Aber: Bei schwankenden Preisen wird estar + a verwendet:
  En este momento, los mejillones **están a** 4 euros el kilo. *Im Moment kostet das Kilo Muscheln 4 Euro.*)

Das Verb estar wird gebraucht:

- zur Angabe des Ortes mit bestimmtem Artikel:
  Los niños **están** en el colegio. *Die Kinder sind in der Schule.*
- bei Eigennamen:
  Carmen no **está** en casa. *Carmen ist nicht zu Hause.*
- um das persönliche Befinden auszudrücken:
  Hoy no **estoy** muy bien. *Heute geht es mir nicht sehr gut.*

Ser steht vor einem Substantiv mit oder ohne Präposition bzw. vor einem Adverb, estar dagegen vor einem Adverb oder präpositionalem Ausdruck, nie jedoch vor einem Substantiv. Ser und estar können auch in Verbindung mit einem Adjektiv verwendet werden.

- Adjektive, die charakteristische Eigenschaften ausdrücken, werden mit ser verwendet. Hierbei kann es sich auch um allgemeine Feststellungen handeln:
  Rosa **es** muy alegre. *Rosa ist sehr fröhlich.*
- A1 Adjektive, die einen vorübergehenden Zustand oder subjektive Einstellungen bezeichnen, werden mit estar verwendet:
  Felipe **está** muy alegre hoy. *Felipe ist heute sehr fröhlich.*

A2 Einige Adjektive ändern ihre Bedeutung, je nachdem, ob sie mit ser oder estar verwendet werden:

ser + Adjektiv		**estar + Adjektiv**	
ser rico	*reich sein*	estar rico	*gut schmecken*
ser vivo	*lebhaft sein*	estar vivo	*am Leben sein*
ser joven	*jung sein*	estar joven	*jung aussehen*
ser listo	*schlau sein*	estar listo	*fertig sein*

Die Verbform hay wird verwendet:

- um das Vorhandensein oder die Position eines Gegenstandes bzw. einer Person auszudrücken. Das Subjekt des Satzes steht entweder ohne Artikel oder wird von einem unbestimmten Artikel, einem Indefinitpronomen oder einem Zahlwort begleitet:
  En esta ciudad **hay** universidades muy buenas. *In dieser Stadt gibt es sehr gute Universitäten.*
  En este pueblo **hay** una iglesia muy bonita. *In diesem Dorf gibt es eine sehr schöne Kirche.*

Aber: Wenn vor dem Substantiv der bestimmte Artikel, ein Demonstrativ- oder ein Possessivpronomen steht, wird estar anstelle von hay verwendet:
El banco **está** en la esquina. *Die Bank ist an der Ecke.*

7.2 Das Modal- und Hilfsverb

A1

Modalverben stehen vor dem Infinitiv eines Vollverbs und drücken aus, in welchem Verhältnis das Satzsubjekt zur Satzaussage steht.

- poder *können, dürfen* (Möglichkeit, Erlaubnis): No **puedo** venir mañana. *Morgen **kann** ich nicht kommen.*
- saber *können* (geistige, erlernte Fähigkeit): **¿Sabes** manejar el ordenador? ***Kannst** du mit dem PC umgehen?*
- querer *wollen*: **Quiero** viajar a Cuba. *Ich **will** nach Kuba reisen.*
- tener que *müssen* (objektive Notwendigkeit): **Tengo que** trabajar el fin de semana. *Ich **muss** am Wochenende arbeiten.*
- A2 deber *müssen/sollen* (Forderung, Vorschlag): **Deberías** dormir más. *Du **solltest** mehr schlafen.*

Im Gegensatz zum Deutschen hat das Spanische nur das Hilfsverb haber *haben* für die Bildung des Perfekts:
He visto una película muy buena. *Ich habe einen sehr guten Film gesehen.*
Hemos ido al teatro. *Wir sind ins Theater gegangen.*

A1

7.3 Das reflexive Verb

Formen

Reflexive Verben werden mit Reflexivpronomen (▶ 6.1) gebildet.

aburrirse *sich langweilen*	
(yo)	**me** aburro
(tú)	**te** aburres
(él, ella, usted)	**se** aburre
(nosotros/-as)	**nos** aburrimos
(vosotros/-as)	**os** aburrís
(ellos/-as, ustedes)	**se** aburren

Gebrauch

Wie die unbetonten Objektpronomen können Reflexivpronomen entweder an den Infinitiv angehängt werden oder vor der konjugierten Form des Verbs stehen:
Yo **me levanto** temprano. *Ich stehe früh auf.*
Hay que **levantarse**. *Man muss früh aufstehen.*

Einem reflexiven Verb im Spanischen entspricht nicht immer ein reflexives Verb im Deutschen:

llamarse	*heißen*
levantarse	*aufstehen*
acostarse	*zu Bett gehen*
despertarse	*aufwachen*

¿Cómo **te llamas**? *Wie heißt du?*
Ayer **nos levantamos** tarde. *Gestern sind wir spät aufgestanden.*
¿**Te acuestas** ya? *Gehst du schon zu Bett?*
¡Venga, **despiértate**! *Komm, wach auf!*

ℹ Einige Verben haben verschiedene Bedeutungen, je nachdem, ob sie reflexiv oder nicht-reflexiv gebraucht werden:

nicht-reflexiv	reflexiv
B1 caer *fallen*	B2 caerse *hinfallen*
cambiar *ändern, wechseln*	B2 cambiarse *sich umziehen*
dormir *schlafen*	B2 dormirse *einschlafen*
ir *gehen, fahren, fliegen*	irse *weggehen*
quedar *übrig bleiben*	quedarse *bleiben*
volver *zurückkehren*	B1 volverse *sich umdrehen, wenden*

7.4 Die unpersönlichen Formen A1

Im Spanischen gibt es folgende unpersönliche Verben bzw. Konstruktionen:

- Verben, die das Wetter beschreiben:
  Llueve. *Es regnet.* Hace frío. *Es ist kalt.* Nieva. *Es schneit.*
- es + Adjektiv + Infinitiv:
  Es imposible llegar a tiempo. *Es ist unmöglich, pünktlich zu kommen.*

⚡ Beachten Sie, dass im Spanischen zwischen Adjektiv und Verb keine Präposition steht. Man sagt also nicht Es bueno de hacer deporte, sondern: Es **bueno hacer** deporte. *Es ist gut, Sport zu treiben.*

- hay *es gibt* (▷ 7.2)
- hay que + Infinitiv *man muss*:

  Hay que pagar la cuenta. *Man muss die Rechnung bezahlen.*

⚡ Bei es + Adjektiv + Infinitiv und hay que + Infinitiv werden die Objektpronomen immer an den Infinitiv angehängt: Hay que probar**lo**. *Man muss es probieren.*

- se + Verb:

  No **se hace** así. *Man macht das nicht so.*

  Se vende piano. *Klavier zu verkaufen.*

  Estos productos no **se venden** bien. *Diese Produkte werden nicht gut verkauft* (▷ 14).

B1
- uno + Verb:

  Uno nunca **sabe** lo que le espera. *Man weiß nie, was auf einen zukommt.*

  Si **uno se levanta** muy temprano puede hacer muchas cosas. *Wenn man sehr früh aufsteht, kann man viele Dinge erledigen.*

B1 ⚡ Im Unterschied zu se wird uno/una immer dann verwendet, wenn der Sprecher sich selbst mit einbezieht. Uno ist außerdem obligatorisch, wenn das Verb reflexiv ist: **Uno** se duerme en clase. *Man schläft im Unterricht ein.*

- Verben in der 3. Person Plural (▷ 14):

  Llamaron a tu hermano por teléfono. *Jemand hat deinen Bruder angerufen.*

  Aquí **venden** zapatos. *Hier werden Schuhe verkauft.*

  Aquí **hacen** cerveza. *Hier wird Bier gemacht.*

Auf einen Blick

Das Verb

Die Verben ser, estar und hay
Die Verben ser und estar entsprechen dem deutschen Verb *sein*. Ser bezeichnet wesentliche Eigenschaften, estar vorübergehende Merkmale. Hay *es gibt/da ist/sind* ist eine unpersönliche Form von haber, die gebraucht wird, um auszudrücken, ob etwas überhaupt vorhanden ist oder nicht.

Einige Adjektive ändern ihre Bedeutung, je nachdem, ob sie mit ser oder estar verwendet werden:
ser rico *reich sein*, estar rico *gut schmecken*.

Das Modal- und Hilfsverb
Das Modalverb steht vor einem Vollverb im Infinitiv und drückt aus, in welchem Verhältnis das Satzsubjekt zur Satzaussage steht.
Die spanischen Modalverben sind:

poder *können, dürfen* (Möglichkeit oder Fähigkeit, Erlaubnis), saber *können* (geistige oder erlernte Fähigkeit), querer *wollen*, tener que *müssen* (objektive Notwendigkeit), deber *müssen/sollen* (Forderung, Vorschlag oder Notwendigkeit)

Im Gegensatz zum Deutschen gibt es im Spanischen nur ein Hilfsverb, und zwar haber *haben*, um das Perfekt zu bilden:
He visto una peícula muy buena. *Ich **habe** einen sehr guten Film gesehen.* **Hemos** ido al teatro. *Wir **sind** ins Theater gegangen.*

Das reflexive Verb

Reflexive Verben werden mit den Reflexivpronomen me *mich*, te *dich*, se *sich*, nos *uns*, os *euch* und se *sich* gebildet.

levantarse *aufstehen*:
me levanto, te levantas, se levanta,
nos levantamos, os levantáis, se levantan

Reflexivpronomen können entweder an den Infinitiv angehängt werden oder vor der konjugierten Form des Verbs stehen:
Yo **me** levanto temprano. *Ich stehe früh auf.*
Hay que levantar**se** temprano. *Man muss früh aufstehen.*

Einem reflexiven Verb im Spanischen entspricht nicht immer ein reflexives Verb im Deutschen: llamarse *heißen*, levantarse *aufstehen* etc.

Einige Verben haben verschiedene Bedeutungen, je nachdem, ob sie reflexiv oder nicht reflexiv gebraucht werden: dormir *schlafen*, dormirse *einschlafen*.

Die unpersönlichen Formen

Das Spanische verfügt über einige unpersönliche Konstruktionen:

- Sätze ohne Subjekt: Llueve. *Es regnet.* Hace frío. *Es ist kalt.*
- es + Adjektiv + Infinitiv: Es imposible llegar a tiempo. *Es ist unmöglich, pünktlich zu kommen.*
- Hay que + Infinitiv *man muss*: Hay que pagar la cuenta. *Man muss die Rechnung bezahlen.*
- Se + Verb als Übersetzung für passivische Konstruktionen und das deutsche *man*: No **se hace** así. *Man macht das nicht so./Das wird nicht so gemacht.*

8 Der Indikativ

A1

Der Indikativ ist der Modus der Wirklichkeit und der Tatsachen, die in der Gegenwart (Präsens), der Vergangenheit (Perfekt, Indefinido, Imperfekt, Plusquamperfekt) und der Zukunft (Futur I und II) beschrieben werden.

8.1 Das Präsens

A1

Mit dem Präsens werden Vorgänge oder Handlungen in der Gegenwart geschildert.

Formen

Das Präsens der regelmäßigen Verben wird durch Anhängen der entsprechenden Endung an den Verbstamm gebildet.

	1. Konj. **hablar** *sprechen*	**2. Konj.** **beber** *trinken*	**3. Konj.** **vivir** *leben*
(yo)	habl**o**	beb**o**	viv**o**
(tú)	habl**as**	beb**es**	viv**es**
(él, ella, usted)	habl**a**	beb**e**	viv**e**
(nosotros/-as)	habl**amos**	beb**emos**	viv**imos**
(vosotros/-as)	habl**áis**	beb**éis**	viv**ís**
(ellos/-as, ustedes)	habl**an**	beb**en**	viv**en**

Die Höflichkeitsform wird im Singular mit usted und der 3. Person Singular gebildet, im Plural mit ustedes und der 3. Person Plural:

¿Es usted de España? *Sind Sie aus Spanien?*

¿Ustedes hablan español? *Sprechen Sie Spanisch?*

Die Personalpronomen für das Subjekt werden in der Regel nur für eine besondere Betonung gebraucht (▷ 6.1).

◐ Ausnahmen:
Einige Verben haben eine Stammvokalveränderung in den stammbetonten Formen. ℹ Das sind die Formen, deren Silben betont werden. Bei der 1. und 2. Person Plural fällt die Betonung nicht auf den Verbstamm.

e → ie **cerrar** *schließen*	o → ue **dormir** *schlafen*	e → i A2 **pedir** *bitten*
cierro	duermo	pido
cierras	duermes	pides
cierra	duerme	pide
cerramos	dormimos	pedimos
cerráis	dormís	pedís
cierran	duermen	piden

- wie cerrar (e → ie): empezar *anfangen*, pensar *denken*, perder *verlieren*, querer *wollen*
- wie dormir (o → ue): contar *(er)zählen*, costar *kosten*, encontrar *finden*, B1 mover *bewegen*
- wie pedir (e → i): B1 elegir *auswählen*, repetir *wiederholen*, A2 reírse *lachen*, A2 vestirse *sich anziehen* (◐ aber: Bei dem Verb jugar *spielen* wird der Stammvokal -u- zu -ue-: **juego, juegas, juega** …)

Bei einer Reihe von Verben ist nur die 1. Person Singular unregelmäßig:

- conocer *kennen*: cono**zco**, conoces, conoce usw. (ebenso: alle Verben, die auf -acer, -ecer und -ucir enden, z. B. B1 agradecer *danken*, conducir *fahren*)
- A2 traer *herbringen*: tra**igo**, traes, trae usw. (ebenso: caer *fallen*)
- salir hinausgehen: sal**go**, sales, sale usw. (ebenso: valer *kosten, wert sein*)
- dar *geben*: d**oy**, das, da usw. (ebenso: estar *sich befinden*)

Verben mit Veränderungen bei der Schreibweise: A2

- Bei Verben auf -uir wird in den stammbetonten Formen ein y eingefügt: B1 construir *bauen* → constru**y**o, contru**y**es, constru**y**e, constru**i**mos, constru**í**s, constru**y**en
- Bei Verben auf -guir fällt vor der Endung -o das -u weg: A2 seguir *folgen* → si**go**, sigues, sigue, seguimos, seguís, siguen
- Bei Verben auf -cer (nach Konsonant) wird vor der Endung -o das -c- zu -z-: B1 vencer *siegen* → ven**zo**, vences, vence, vencemos, vencéis, vencen
- Bei Verben auf -ger und -gir wird vor der Endung -o das -g- zu -j-: coger *nehmen* → co**jo**, coges, coge, cogemos, cogéis, cogen
- Bei Verben auf -iar und -uar trägt das -i- bzw. das -u- in den stammbetonten Formen einen Akzent: B1 enviar *schicken* → env**í**o, env**í**as, env**í**a, env**i**amos, envi**á**is, env**í**an, B1 continuar *fortfahren* → contin**ú**o, contin**ú**as, contin**ú**a, contin**u**amos, continu**á**is, contin**ú**an

Gebrauch

ⓘ Das Präsens wird wie im Deutschen verwendet und beschreibt Ereignisse und Handlungen in der Gegenwart:
María **está** bastante cansada. *María **ist** ziemlich müde.*

Es beschreibt auch feste Pläne in der Zukunft: A2
Mañana **vamos** al teatro. *Morgen **gehen** wir ins Kino.*

Man verwendet es bei Aufforderungssätzen: B2
Entras a tu habitación y **te pones** a estudiar. *Du **gehst** in dein Zimmer und **fängst an** zu lernen.*

⚡ Im Unterschied zum Deutschen benutzt man es auch in der Frageform:
¿**Pongo** la mesa? *Soll ich den Tisch decken?*

A1 8.2 Die Vergangenheit

A1 8.2.1 Das Perfekt

Mit dem Perfekt beschreibt man Handlungen oder Ereignisse, die zwar abgeschlossen sind, die aber dennoch einen Bezug zur Gegenwart haben.

Formen

Das Perfekt wird mit dem Präsens des Hilfsverbs haber und dem Partizip Perfekt gebildet:

		hablar *sprechen*	**beber** *trinken*	**vivir** *leben*
(yo)	**he**	habl**ado**	beb**ido**	viv**ido**
(tú)	**has**	habl**ado**	beb**ido**	viv**ido**
(él, ella, usted)	**ha**	habl**ado**	beb**ido**	viv**ido**
(nosotros/-as)	**hemos**	habl**ado**	beb**ido**	viv**ido**
(vosotros/-as)	**habéis**	habl**ado**	beb**ido**	viv**ido**
(ellos/-as, ustedes)	**han**	habl**ado**	beb**ido**	viv**ido**

Das Perfekt wird ausschließlich mit haber gebildet:
He ido al cine. *Ich **bin** ins Kino **gegangen**.*

Haber steht immer beim Partizip:
He estado una semana en el hospital. *Ich **bin** eine Woche im Krankenhaus **gewesen**.*

Ausnahmen:
Einige Verben haben ein unregelmäßiges Partizip (▷ 12):

Infinitiv		**Partizip**	
decir	*sagen*	dicho	*gesagt*
escribir	*schreiben*	escrito	*geschrieben*
hacer	*machen*	hecho	*gemacht*
poner	*legen, stellen*	puesto	*gelegt, gestellt*

Gebrauch

Das Perfekt wird für abgeschlossene Handlungen oder Vorgänge verwendet, die innerhalb eines noch nicht beendeten Zeitraums stattgefunden oder noch einen Bezug zur Gegenwart haben.
Das Perfekt wird meist von folgenden Zeitangaben begleitet:

hoy *heute*, esta mañana *heute Morgen*, esta semana *diese Woche*, este año *dieses Jahr*, hasta ahora *bis jetzt*, alguna vez *einmal*, todavía no *noch nicht*, nunca *nie*

Este año **he leído** mucho. *Dieses Jahr* ***habe*** *ich viel* ***gelesen****.*
¿**Has estado** A2 alguna vez en Caracas? ***Bist*** *du schon mal in Caracas* ***gewesen****?*

Das Perfekt wird auch gebraucht:
- bei Ereignissen oder Handlungen, die Folgen in der Gegenwart haben, deren Zeitpunkt aber unwichtig ist:
  ¿**Has llamado** a tus padres? ***Hast*** *du deine Eltern* ***angerufen****?*
  ¿**Has visto** la última película de Almodovar? ***Hast*** *du den letzten Film von Almodóvar* ***gesehen****?*

In vielen Regionen Spaniens und in Lateinamerika wird das Indefinido anstelle des Perfekts verwendet.

8.2.2 Das Indefinido (historische Vergangenheit) A2

Formen

Die regelmäßigen Verben werden gebildet, indem die Endungen des Indefinido an den Verbstamm angehängt werden.

	hablar *sprechen*	**beber** *trinken*	**vivir** *leben*
(yo)	habl**é**	beb**í**	viv**í**
(tú)	habl**aste**	beb**iste**	viv**iste**
(él, ella, usted)	habl**ó**	beb**ió**	viv**ió**
(nosotros/-as)	habl**amos**	beb**imos**	viv**imos**
(vosotros/-as)	habl**asteis**	beb**isteis**	viv**isteis**
(ellos/-as, ustedes)	habl**aron**	beb**ieron**	viv**ieron**

🛈 Die Betonung der regelmäßigen Formen im Indefinido liegt immer auf der Endung und nie auf dem Stamm, z. B.: **cant**ar → **cant**é.

⚡ Achten Sie daher vor allem auf die richtige Betonung der 1. und 3. Person Singular, da sonst Missverständnisse entstehen können:

Präsens		**Indefinido**	
¡**Can**te!	*Singen Sie!*	cant**é**	*ich sang*
canto	*ich singe*	cant**ó**	*er/sie sang*

Ausnahmen:

B1 Bei einigen Verben auf -ir verändert sich in der 3. Person Singular und Plural der Stammvokal:

e → i **pedir** *bitten*	**o → u** **dormir** *schlafen*
pedí	dormí
pediste	dormiste
pidió	durmió
pedimos	dormimos
pedisteis	dormisteis
pidieron	durmieron

- wie pedir (e → i): elegir *auswählen*, repetir *wiederholen*, reírse *lachen*, seguir *fortfahren*, sentir *fühlen*
- wie dormir (o → u): morir *sterben*

Eine Reihe von Verben hat im Indefinido einen neuen Stamm. Unabhängig davon, ob sie zur 1., 2. oder 3. Konjugation gehören, enden sie alle auf -e, -iste, -o, -imos, -isteis, -ieron: B1

Infinitiv	Indefinido-Stamm	konjugiertes Verb
estar *sein*	estuv-	estuv**e**, estuv**iste**, estuv**o** ...
hacer *machen*	hic-	hic**e**, hic**iste**, hiz**o** ...
decir *sagen*	dij-	dij**e**, dij**iste**, dij**o** ...
poder *können*	pud-	pud**e**, pud**iste**, pud**o** ...
poner *legen, stellen*	pus-	pus**e**, pus**iste**, pus**o** ...
querer *wollen*	quis-	quis**e**, quis**iste**, quis**o** ...
saber *erfahren*	sup-	sup**e**, sup**iste**, sup**o** ...
tener *haben*	tuv-	tuv**e**, tuv**iste**, tuv**o** ...
traer *herbringen*	traj-	traj**e**, traj**iste**, traj**o** ...
venir *kommen*	vin-	vin**e**, vin**iste**, vin**o** ...

ℹ Bei den Verben, die im neuen Stamm ein j haben, fällt das -i- der Endung bei der 3. Pers. Pl. weg: decir → dijeron.

⚡ Ser *sein* und ir *gehen* haben dieselben Formen im Indefinido: fui, fuiste, fue, fuimos, fuisteis, fueron.

Die Formen von ver *sehen* und dar *geben* werden gebildet, indem man an den Stamm dieselben Endungen wie für comer und vivir anhängt.

Infinitiv	Indefinido-Stamm	konjugiertes Verb
ver	v-	v**i**, v**iste**, v**io**, v**imos**, v**isteis**, v**ieron**
dar	d-	d**i**, d**iste**, d**io**, d**imos**, d**isteis**, d**ieron**

⚡ Die 1. und die 3. Person tragen bei ser, ir, ver und dar keinen Akzent!

B1 Verben mit Veränderungen bei der Schreibweise:

- Bei Verben auf -eer, -uir, -aer und dem Verb oír *hören* wird in der 3. Person Singular und Plural das unbetonte -i- zwischen Vokalen zu -y-:
  leer *lesen* → leí, leíste, leyó, leímos, leísteis, leyeron
  caer *fallen* → caí, caíste, cayó, caímos, caísteis, cayeron

⚡ Es gibt eine Reihe von Verben, bei denen besonders die 1. Person Singular zu beachten ist:

- Bei Verben auf -gar wird vor der Endung -e das -g- zu -gu-: llegar *ankommen* → lle**gué**, llegaste, llegó …
- Bei Verben auf -car wird vor der Endung -é das -c- zu -qu-: buscar *suchen* → bus**qué**, buscaste, buscó …
- Bei Verben auf -zar wird vor der Endung -e das -z- zu -c-: empezar *anfangen* → empe**cé**, empezaste, empezó …
- Bei Verben auf -guar wird vor der Endung -e das -u- zu -ü-: averiguar *herausfinden* → averig**üé**, averiguaste, averiguó …

Gebrauch

💡 Das Indefinido wird für Handlungen oder Vorgänge verwendet, die zu einem bestimmten Zeitpunkt oder innerhalb eines abgeschlossenen Zeitraums in der Vergangenheit stattgefunden haben. Häufige Zeitangaben beim Indefinido sind ayer *gestern*, la semana pasada *vergangene Woche*, el año pasado *letztes Jahr* usw.:

Ayer **traté** de llamarla. *Gestern **versuchte** ich, sie anzurufen.*

La semana pasada **perdí** el avión. *Vergangene Woche **verpasste** ich das Flugzeug.*

Mit dem Indefinido beantwortet man die Frage danach, was zu einem bestimmten Zeitpunkt in der Vergangenheit geschehen ist. Wenn der Zeitpunkt jedoch nicht bekannt oder relevant ist, verwendet man das Perfekt:
¿Has visto esta película? ***Hast*** *du diesen Film* ***gesehen****?*

8.2.3 Das Imperfekt

A2

Formen

	hablar *sprechen*	**beber** *trinken*	**vivir** *leben*
(yo)	habl**aba**	beb**ía**	viv**ía**
(tú)	habl**abas**	beb**ías**	viv**ías**
(él, ella, usted)	habl**aba**	beb**ía**	viv**ía**
(nosotros/-as)	habl**ábamos**	beb**íamos**	viv**íamos**
(vosotros/-as)	habl**abais**	beb**íais**	viv**íais**
(ellos/-as, ustedes)	habl**aban**	beb**ían**	viv**ían**

Alle Verbformen im Imperfekt werden nach diesen drei Modellen gebildet. Es gibt nur drei Verben, die von diesem Muster abweichen: ser *sein*, ir *gehen, fahren* und ver *sehen*:

ser *sein*	**ir** *gehen, fahren*	**ver** *sehen*
era	iba	veía
eras	ibas	veías
era	iba	veía
éramos	íbamos	veíamos
erais	ibais	veíais
eran	iban	veían

Gebrauch

Das Imperfekt wird verwendet:

- zur Wiedergabe von Gewohnheiten und sich wiederholenden Vorgängen in der Vergangenheit:
  Cuando era joven **fumaba** mucho. *Als ich jung war, **rauchte** ich viel.*
- zur Beschreibung von Sachen, Personen:
  De niña **se parecía** mucho a su madre. *Als Kind **glich** sie sehr ihrer Mutter.*
- B1 für Handlungen, die in der Vergangenheit gleichzeitig abliefen:
  Mientras ellos **dormían**, yo **preparaba** el desayuno. *Während sie **schliefen**, **bereitete** ich das Frühstück **vor**.*
- B2 zur Wiedergabe von Handlungen oder Gedanken, die unterbrochen wurden:
  En realidad **pensaba** ir al teatro. *Ich **hatte** eigentlich **vor**, ins Theater zu gehen.*
- B1 um höflich nach etwas zu fragen:
  Buenos días, **quería** unas gafas de sol. *Guten Tag, ich **hätte gerne** eine Sonnenbrille.*

B1 Zum Ausdruck einer noch andauernden Handlung verwendet man im Spanischen das Imperfekt. Mit dem Indefinido oder dem Perfekt schildert man eine neu einsetzende Handlung:
Hace un rato **estábamos** en la cafetería y allí nos **hemos enterado** de que mañana hay huelga.
*Wir **waren** gerade in der Cafeteria, und dort **haben** wir **gehört**, dass morgen Streik ist.*

⚡ Einige Verben ändern ihre Bedeutung, je nachdem, ob sie im Imperfekt oder im Indefinido stehen:

Imperfekt → saber *wissen*: Lo **sabía**. *Ich **wusste** es.*
Indefinido → saber *erfahren*: Lo **supe** ayer. *Ich **habe** es gestern **erfahren**.*
Imperfekt → conocer *kennen*: No lo **conocía**. *Ich **kannte** ihn nicht.*
Indefinido → conocer *kennenlernen*: Lo **conocí** el otro día. *Ich **habe** ihn neulich **kennengelernt**.*
Imperfekt → tener *haben, halten*: La familia **tenía** cinco niños. *Die Familie **hatte** fünf Kinder.*
Indefinido → tener *bekommen*: Anita **tuvo** una niña el fin de semana. *Anita **bekam** am Wochenende ein Mädchen.*

ℹ Diese Verben können auch im Perfekt stehen und dieselbe Bedeutungsänderung wie im Indefinido erfahren: Lo **he sabido** hoy. *Ich **habe** es heute **erfahren**.* Lo **he sabido** toda mi vida. *Ich **habe** es immer **gewusst**.*

8.2.4 Das Plusquamperfekt

B1

Formen

Das Plusquamperfekt wird mit dem Imperfekt des Hilfsverbs haber und dem Partizip Perfekt gebildet:

		hablar *sprechen*	**beber** *trinken*	**vivir** *leben*
(yo)	**había**	habl**ado**	beb**ido**	viv**ido**
(tú)	**habías**	habl**ado**	beb**ido**	viv**ido**
(él, ella, usted)	**había**	habl**ado**	beb**ido**	viv**ido**
(nosotros/-as)	**habíamos**	habl**ado**	beb**ido**	viv**ido**
(vosotros/-as)	**habíais**	habl**ado**	beb**ido**	viv**ido**
(ellos/-as, ustedes)	**habían**	habl**ado**	beb**ido**	viv**ido**

Gebrauch

💡 Das Plusquamperfekt wird für Handlungen oder Ereignisse verwendet, die bereits in der Vergangenheit abgeschlossen waren:

Cuando la encontré, ya **había comprado** el piso. *Als ich sie traf,* ***hatte*** *sie die Wohnung bereits* ***gekauft****.*

B1 8.3 Das Futur

A1 8.3.1 Das Futur I

Formen

Die regelmäßigen Formen des Futur I:

	hablar *sprechen*	**beber** *trinken*	**vivir** *leben*
(yo)	hablar**é**	beber**é**	vivir**é**
(tú)	hablar**ás**	beber**ás**	vivir**ás**
(él, ella, usted)	hablar**á**	beber**á**	vivir**á**
(nosotros/-as)	hablar**emos**	beber**emos**	vivir**emos**
(vosotros/-as)	hablar**éis**	beber**éis**	vivir**éis**
(ellos/-as, ustedes)	hablar**án**	beber**án**	vivir**án**

Manche Verben bekommen im Futur einen neuen Stamm:

Infinitiv	**Futur-Stamm**	**konjugiertes Verb**
decir *sagen*	dir-	dir**é**, dir**ás**, dir**á** …
hacer *machen*	har-	har**é**, har**ás**, har**á** …
poder *können*	podr-	podr**é**, podr**ás**, podr**á** …
querer *wollen*	querr-	querr**é**, querr**ás**, querr**á** …
saber *wissen*	sabr-	sabr**é**, sabr**ás**, sabr**á** …
salir *hinausgehen*	saldr-	saldr**é**, saldr**ás**, saldr**á** …
tener *haben*	tendr-	tendr**é**, tendr**ás**, tendr**á** …
venir *kommen*	vendr-	vendr**é**, vendr**ás**, vendr**á** …

Gebrauch

Das Futur I wird verwendet, um Vorgänge oder Handlungen zu beschreiben, die in der Zukunft liegen:
Me **devolverá** el dinero en marzo. *Er wird mir das Geld im März zurückgeben.* ⚡ Im Deutschen wird meist das Präsens verwendet, um eine zukünftige Handlung auszudrücken:
*Er **gibt mir** das Geld im März **zurück**.*

Das Futur I wird auch verwendet, um eine Vermutung auszudrücken:
Estará enfermo. *Er **wird** wohl **krank sein**.*

Eine zukünftige Handlung kann man auch mit der Umschreibung ir a + Infinitiv ausdrücken:
¿Qué **vas a hacer** mañana? *Was **wirst** du morgen **machen**?*

8.3.2 Das Futur II

B2

Formen

Das Futur II wird mit dem Futur I des Hilfsverbs haber und dem Partizip Perfekt gebildet:

		hablar *sprechen*	**beber** *trinken*	**vivir** *leben*
(yo)	**habré**	habl**ado**	beb**ido**	viv**ido**
(tú)	**habrás**	habl**ado**	beb**ido**	viv**ido**
(él, ella, usted)	**habrá**	habl**ado**	beb**ido**	viv**ido**
(nosotros/-as)	**habremos**	habl**ado**	beb**ido**	viv**ido**
(vosotros/-as)	**habréis**	habl**ado**	beb**ido**	viv**ido**
(ellos/-as, ustedes)	**habrán**	habl**ado**	beb**ido**	viv**ido**

Gebrauch

💡 Das Futur II wird für Handlungen verwendet, die abgeschlossen sein werden, wenn eine andere zukünftige Handlung eintritt:
Cuando volvamos a vernos, ya **habré terminado** la carrera. *Wenn wir uns wiedersehen,* ***werde*** *ich das Studium schon* ***beendet haben.***

Das Futur II kann auch eine Vermutung über etwas ausdrücken, das in der Vergangenheit liegt:
Habrá olvidado la cita. *Sie* ***wird*** *die Verabredung wohl* ***vergessen haben.***

B1

8.4 Der Konditional

A1

8.4.1 Der Konditional I

Formen

Alle Konjugationen haben dieselben Endungen, die direkt an den Infinitiv angehängt werden:
-ía, -ías, -ía, -íamos, -íais, -ían.

	hablar *sprechen*	**beber** *trinken*	**vivir** *leben*
(yo)	hablar**ía**	beber**ía**	vivir**ía**
(tú)	hablar**ías**	beber**ías**	vivir**ías**
(él, ella, usted)	hablar**ía**	beber**ía**	vivir**ía**
(nosotros/-as)	hablar**íamos**	beber**íamos**	vivir**íamos**
(vosotros/-as)	hablar**íais**	beber**íais**	vivir**íais**
(ellos/-as, ustedes)	hablar**ían**	beber**ían**	vivir**ían**

Ausnahmen:
Einige Verben bekommen im Konditional einen neuen Stamm:

Infinitiv	Stamm	konjugiertes Verb
decir *sagen*	dir-	dir**ía**, dir**ías**, dir**ía** …
hacer *machen*	har-	har**ía**, har**ías**, har**ía** …
poder *können*	podr-	podr**ía**, podr**ías**, podr**ía** …
poner *legen, stellen*	pondr-	pondr**ía**, pondr**ías**, pondr**ía** …
querer *wollen*	querr-	querr**ía**, querr**ías**, querr**ía** …
saber *wissen*	sabr-	sabr**ía**, sabr**ías**, sabr**ía** …
salir *hinausgehen*	saldr-	saldr**ía**, saldr**ías**, saldr**ía** …
tener *haben*	tendr-	tendr**ía**, tendr**ías**, tendr**ía** …
venir *kommen*	vendr-	vendr**ía**, vendr**ías**, vendr**ía** …

Gebrauch

Der Konditional I wird gebraucht:

- um eine höfliche Bitte oder einen Wunsch auszudrücken: ¿**Podría** cerrar la puerta? ***Könnten** Sie die Tür schließen?* **Querría** un kilo de uvas, por favor. *Ich **hätte gerne** ein Kilo Trauben, bitte.*
- um eine Vermutung in der Vergangenheit auszudrücken: No te **contestaría** porque estaba durmiendo. *Er **hat** dir wahrscheinlich nicht **geantwortet**, weil er schlief.*
- in der indirekten Rede (▷ 19): Juan me preguntó que cuándo **volvería**. *Juan fragte mich, wann ich **zurückkommen würde**.*
- im Hauptsatz eines irrealen Bedingungssatzes. Im Nebensatz steht der Subjuntivo Imperfekt: B2
  Te **prestaría** el dinero si lo tuviera. *Ich **würde** dir das Geld **leihen**, wenn ich es hätte.*

B2

8.4.2 Der Konditional II

Formen

Der Konditional II wird mit dem Konditional des Hilfsverbs haber und dem Partizip Perfekt gebildet:

		hablar *sprechen*	**beber** *trinken*	**vivir** *leben*
(yo)	**habría**	habl**ado**	beb**ido**	viv**ido**
(tú)	**habrías**	habl**ado**	beb**ido**	viv**ido**
(él, ella, usted)	**habría**	habl**ado**	beb**ido**	viv**ido**
(nosotros/-as)	**habríamos**	habl**ado**	beb**ido**	viv**ido**
(vosotros/-as)	**habríais**	habl**ado**	beb**ido**	viv**ido**
(ellos/-as, ustedes)	**habrían**	habl**ado**	beb**ido**	viv**ido**

Gebrauch

Der Konditional II steht im Hauptsatz eines irrealen Bedingungssatzes, wenn eine Handlung nicht verwirklicht werden konnte. Im Hauptsatz kann statt des Konditional II auch der Subjuntivo Plusquamperfekt stehen. Im Nebensatz steht immer der Subjuntivo Plusquamperfekt:

Si hubiera tenido dinero, **habría hecho** (hubiera hecho) el viaje. *Wenn ich Geld gehabt hätte,* ***hätte*** *ich die Reise gemacht.*

Auf einen Blick

Der Indikativ

Der Indikativ ist der Modus der Wirklichkeit. Mit ihm werden Tatsachen in der Gegenwart (Präsens), der Vergangenheit (Perfekt, Indefinido, Imperfekt, Plusquamperfekt) und der Zukunft (Futur I und II) beschrieben.

Das Präsens

Im Präsens schildert man Vorgänge oder Handlungen in der Gegenwart und feste Pläne für die Zukunft.
Bei den regelmäßigen Verben werden die entsprechenden Endungen an den Verbstamm angehängt:

hablar *sprechen*:	habl-**o**, **-as**, **-a**, **-amos**, **-áis**, **-an**
beber *trinken*:	beb-**o**, **-es**, **-e**, **-emos**, **-éis**, **-en**
vivir *leben*:	viv-**o**, **-es**, **-e**, **-imos**, **-ís**, **-en**

Ausnahmen: Bei einigen Verben gibt es eine Stammvokalveränderung in den stammbetonten Formen, z. B.
cerrar *schließen* (e → ie):
c**ie**rro, c**ie**rras, c**ie**rra, cerramos, cerráis, c**ie**rran.
Ebenso: empezar *beginnen* (e → ie), jugar *spielen* (o → ue), elegir *wählen* (e → i)

Bei einer Reihe von Verben ist nur die 1. Person Singular unregelmäßig:
conocer *kennen* → conozco, traer *bringen* → traigo

Das Perfekt

Mit dem Perfekt beschreibt man Handlungen oder Ereignisse, die einen Bezug zur Gegenwart haben, aber abgeschlossen sind. Das Perfekt wird mit dem Präsens des Hilfsverbs haber (he, has, ha, hemos, habéis, han) und dem Partizip Perfekt hablado, bebido, vivido gebildet: he hablado *ich habe gesprochen*, he bebido *ich habe getrunken*, he vivido *ich habe gelebt*.

Das Perfekt wird ausschließlich mit haber gebildet:
He trabajado mucho. *Ich habe viel gearbeitet.*
He ido al cine. *Ich **bin** ins Kino **gegangen**.*

Einige unregelmäßige Partizipien sind z. B. dicho (decir *sagen*), hecho (hacer *machen*) etc.

Das Indefinido (historische Vergangenheit)
Das Indefinido wird für Handlungen oder Vorgänge verwendet, die zu einem ganz bestimmten Zeitpunkt in der Vergangenheit oder aber innerhalb eines abgeschlossenen Zeitraums stattgefunden haben.

Bei den regelmäßigen Verben werden die Indefinido-Endungen an den Verbstamm angehängt:
hablar: habl-é, -aste, -ó, -amos, -asteis, -aron
comer und vivir: com-í, -iste, -ió, -imos, -isteis, -ieron

Bei einer Reihe von Verben ändert sich im Indefinido der Stamm. Sie haben alle die gleichen Endungen, unabhängig davon, zu welcher Konjugation (1., 2. oder 3.) sie gehören, z. B.: estar → estuve, tener → tuve etc.

Das Imperfekt
Das Imperfekt wird zur Beschreibung eines Zustands oder einer Gewohnheit und für noch nicht abgeschlossene Handlungen in der Vergangenheit verwendet.
Für die Verben auf -ar werden die Endungen -aba, -abas, -aba, -ábamos, -abais, -aban an den Verbstamm angehängt und für die Verben auf -er oder -ir die Endungen -ía, -ías, -ía, -íamos, -íais, -ían. Alle Verbformen im Imperfekt werden nach diesen drei Modellen gebildet.

Unregelmäßig sind nur drei Verben: ser *sein*, ir *gehen, fahren* und ver *sehen*.

Plusquamperfekt
Das Plusquamperfekt wird mit dem Imperfekt von haber und dem Partizip Perfekt gebildet:
Habíamos hablado. *Wir hatten gesprochen.*
Das Plusquamperfekt wird im Spanischen ähnlich wie im Deutschen verwendet.

Das Futur
Mit dem **Futur I** beschreibt man Vorgänge oder Handlungen, die in der Zukunft liegen.
Die regelmäßigen Formen des Futur I werden durch Anhängen der Endungen -é, -ás, -á, -emos, -éis, -án an den Infinitiv gebildet:
Hablar**emos** mañana. *Wir werden morgen sprechen.*

Manche Verben haben im Futur einen neuen Stamm. Die Endungen sind jedoch regelmäßig: decir *sagen* → diré, poder *können* → podré, venir *kommen* → vendré.

Das **Futur II** wird mit dem Futur I von haber und dem Partizip Perfekt gebildet. Es beschreibt Handlungen, die abgeschlossen sein werden, wenn eine andere zukünftige Handlung eintritt:
Cuando volvamos a vernos, ya **habré terminado** la carrera. *Wenn wir uns wiedersehen werden,* ***werde*** *ich das Studium schon* ***beendet haben.***

ℹ Das Futur II kann auch eine Vermutung in der Vergangenheit ausdrücken:
Habrá olvidado la cita. *Sie* ***wird*** *die Verabredung wohl* ***vergessen haben.***

Der Konditional

Der **Konditional I** wird durch Anhängen der Endungen -ía, -ías, -ía, -íamos, -íais, -ían an den Infinitiv gebildet.

◐ Genau wie beim Futur I haben einige Verben im Konditional einen neuen Stamm:
decir → diría, hacer → haría etc.
Der Konditional I wird gebraucht, um eine höfliche Bitte, einen Wunsch oder eine Vermutung in der Vergangenheit auszudrücken. Er wird ebenfalls verwendet in der indirekten Rede und im Hauptsatz eines irrealen Bedingungssatzes:
Te **prestaría** el dinero si lo tuviera. *Ich **würde** dir das Geld **leihen**, wenn ich es hätte.*

Der **Konditional II** wird mit dem Konditional des Hilfsverbs haber und dem Partizip Perfekt gebildet.

💡 Der Konditional II steht im Hauptsatz eines irrealen Bedingungssatzes, wenn die entsprechende Handlung nicht verwirklicht werden konnte:
Si hubiera tenido dinero, **habría hecho** el viaje. *Wenn ich Geld gehabt hätte, **hätte** ich die Reise **gemacht**.*

9 Der Subjuntivo

B1

9.1 Der Subjuntivo Präsens

B1

Formen

Ausgangsform für den Subjuntivo Präsens ist die 1. Person Singular des Indikativ Präsens: **habl**o, **beb**o, **viv**o.

	hablar *sprechen*	**beber** *trinken*	**vivir** *leben*
(yo)	habl**e**	beb**a**	viv**a**
(tú)	habl**es**	beb**as**	viv**as**
(él, ella, usted)	habl**e**	beb**a**	viv**a**
(nosotros/-as)	habl**emos**	beb**amos**	viv**amos**
(vosotros/-as)	habl**éis**	beb**áis**	viv**áis**
(ellos/-as, ustedes)	habl**en**	beb**an**	viv**an**

Ausnahmen:

Im Subjuntivo gibt es die gleichen Stammvokalveränderungen wie im Indikativ (▷ 8): e → i, o → ue, u → ue.

Bei den Verben auf -ir ist allerdings zu beachten, dass in der 1. und 2. Person Plural zusätzlich -e- zu -i- bzw. -o- zu -u- wird:

pedir *bitten*	**sentir** *fühlen, bedauern*	**dormir** *schlafen*
pida	sienta	duerma
pidas	sientas	duermas
pida	sienta	duerma
pidamos	sintamos	durmamos
pidáis	sintáis	durmáis
pidan	sientan	duerman

Verben, die im Indikativ Präsens eine unregelmäßige 1. Person Singular haben, behalten die Unregelmäßigkeit in allen Personen des Subjuntivo Präsens bei (▷ 8.1).

B2 9.2 Der Subjuntivo der Vergangenheit

B2 9.2.1 Der Subjuntivo Imperfekt

Formen

Der Subjuntivo Imperfekt wird von der 3. Person Plural des Indefinido abgeleitet: **habla**ron, **bebie**ron, **vivie**ron. An diesen Stamm werden die entsprechenden Endungen angehängt. Die Endungen auf -ra und -se können alternativ gebraucht werden.

	hablar *sprechen*	**beber** *trinken*	**vivir** *leben*
(yo)	habla**ra/-se**	bebie**ra/-se**	vivie**ra/-se**
(tú)	habla**ras/-ses**	bebie**ras/-ses**	vivie**ras/-ses**
(él, ella, usted)	habla**ra/-se**	bebie**ra/-se**	vivie**ra/-se**
(nosotros/-as)	hablá**ramos/-semos**	bebié**ramos/-semos**	vivié**ramos/-semos**
(vosotros/-as)	habla**rais/-seis**	bebie**rais/-seis**	vivie**rais/-seis**
(ellos/-as, ustedes)	habla**ran/-sen**	bebie**ran/-sen**	vivie**ran/-sen**

B2 9.2.2 Der Subjuntivo Perfekt

Formen

Der Subjuntivo Perfekt wird mit dem Subjuntivo Präsens von haber und dem Partizip Perfekt gebildet.

		hablar *sprechen*	**beber** *trinken*	**vivir** *leben*
(yo)	**haya**	habl**ado**	beb**ido**	viv**ido**
(tú)	**hayas**	habl**ado**	beb**ido**	viv**ido**
(él, ella, usted)	**haya**	habl**ado**	beb**ido**	viv**ido**
(nosotros/-as)	**hayamos**	habl**ado**	beb**ido**	viv**ido**
(vosotros/-as)	**hayáis**	habl**ado**	beb**ido**	viv**ido**
(ellos/-as, ustedes)	**hayan**	habl**ado**	beb**ido**	viv**ido**

9.2.3 Der Subjuntivo Plusquamperfekt

B2

Formen

Der Subjuntivo Plusquamperfekt wird mit dem Subjuntivo Imperfekt von haber und dem Partizip Perfekt gebildet:

		hablar *sprechen*	**beber** *trinken*	**vivir** *leben*
(yo)	**hubiera/-se**	habl**ado**	beb**ido**	viv**ido**
(tú)	**hubieras/-ses**	habl**ado**	beb**ido**	viv**ido**
(él, ella, usted)	**hubiera/-se**	habl**ado**	beb**ido**	viv**ido**
(nosotros/-as)	**hubiéramos/ -semos**	habl**ado**	beb**ido**	viv**ido**
(vosotros/-as)	**hubierais/-seis**	habl**ado**	beb**ido**	viv**ido**
(ellos/-as, ustedes)	**hubieran/-sen**	habl**ado**	beb**ido**	viv**ido**

9.3 Der Gebrauch des Subjuntivo

B1

Während der Indikativ Handlungen oder Zustände als objektive Tatsachen darstellt, drückt der Subjuntivo subjektive Einstellungen aus. Aussagen im Subjuntivo verweisen auf die persönliche Einstellung des Sprechenden.

Der Subjuntivo kann in Hauptsätzen zum Ausdruck von Vermutungen gebraucht werden.

Quizás **tengas** razón. *Vielleicht hast du recht.*
Quizás **esté** enfermo. *Vielleicht ist er krank.*
Posiblemente no **haya pasado** el examen.
Möglicherweise hat er die Prüfung nicht bestanden.

ⓘ Quizás kann auch – je nach Wahrscheinlichkeitsgrad – im Indikativ stehen:
Quizás **tienes** razón. *Vielleicht hast du recht.*

B2 Der Subjuntivo wird auch in unabhängigen Sätzen verwendet, um Wünsche oder Hoffnungen auszudrücken:

¡Que te mejores!	*Gute Besserung!*
¡Que aproveche!	*Guten Appetit!*
¡Que te diviertas!	*Viel Vergnügen!*
¡Ojalá que nos veamos pronto!	*Hoffentlich sehen wir uns bald!*

Sonst wird der Subjuntivo fast nur in Nebensätzen verwendet und steht nach der Konjunktion que:

- nach Verben der Willensäußerung (z. B. Wunsch, Befehl, Vorschlag, Verbot usw.):
  Queremos que nos **ayuden**. *Wir wollen, dass sie uns helfen.*
  Te propongo que **hagamos** el trabajo juntos. *Ich schlage dir vor, dass wir die Arbeit gemeinsam machen.*
- nach Verben der Gefühlsäußerung (z. B. Freude, Angst, Bedauern usw.):
  Siento mucho que no **puedas** acompañarme. *Ich bedaure sehr, dass du mich nicht begleiten kannst.*
  Sus padres se alegran de que no **se vaya** al extranjero. *Seine Eltern freuen sich, dass er nicht ins Ausland geht.*
- nach einer verneinten persönlichen Stellungnahme (z. B. Verben des Sagens, Denkens, Glaubens usw.):

No digo que **tengas** razón. *Ich sage nicht, dass du recht hast.*
No creemos que **sea** capaz de hacerlo. *Wir glauben nicht, dass er imstande ist, es zu tun.*

- nach bestimmten unpersönlichen Ausdrücken, die eine persönliche Stellungnahme beinhalten:
  Es importante que **habléis** con ellos. *Es ist wichtig, dass ihr mit ihnen redet.*
  Es posible que no **estén** en casa. *Es ist möglich, dass sie nicht zu Hause sind.*

Bestimmte Konjunktionen erfordern den Subjuntivo:

para que *damit*
B2 sin que *ohne, dass*
B2 en caso de que *falls*
B1 mientras *solange*
B2 antes de que *bevor*
B2 a no ser que *es sei denn, dass*
B2 con tal (de) que *vorausgesetzt, dass*

Te lo digo para que **estés preparada.** *Ich sage es dir, damit du vorbereitet bist.*
Antes de que **venga** tenemos que arreglar su habitación. *Bevor er kommt, müssen wir sein Zimmer in Ordnung bringen.*

Nach cuando *wenn, als,* después de que *nachdem,* aunque *obwohl, selbst wenn* und hasta que *bis* kann der Subjuntivo oder der Indikativ stehen. Hat eine Handlung bereits stattgefunden oder ist sie eine Gewohnheit, verwendet man den Indikativ. Wird ein – ungewisser – Zeitpunkt in der Zukunft ausgedrückt, steht der Subjuntivo: B2
Cuando llegó **fui** a buscarla. *Als sie ankam, ging ich sie abholen.*
Cuando llegue **iré** a buscarla. *Wenn sie ankommt, werde ich sie abholen gehen.*

B2 Der Subjuntivo steht bei Bedingungssätzen im Nebensatz, wenn die Bedingung nicht erfüllt wurde. Bezieht sich der Bedingungssatz auf die Gegenwart oder die Zukunft, wird der Subjuntivo Imperfekt verwendet; bezieht er sich auf die Vergangenheit, steht der Subjuntivo Plusquamperfekt:
Si no **lloviera**, daríamos un paseo. *Wenn es nicht regnen würde, würden wir einen Spaziergang machen.*
Si no **hubiera llovido**, habríamos dado un paseo. *Wenn es nicht geregnet hätte, hätten wir einen Spaziergang gemacht.*

B2 Der Subjuntivo steht in Relativsätzen, die eine Bedingung oder einen Wunsch enthalten:
Quiero hacer un viaje que no **dure** más de dos semanas. *Ich möchte eine Reise machen, die nicht länger als zwei Wochen dauert.*
Buscamos un hotel que **esté** en el centro. *Wir suchen ein Hotel, das im Zentrum ist.*

Auf einen Blick

Der Subjuntivo

Der Subjuntivo drückt im Gegensatz zum Indikativ eine subjektive Einstellung des Sprechers aus:
No creo que **tengas** razón. *Ich glaube nicht, dass du recht hast.*

Der Subjuntivo kommt hauptsächlich in Nebensätzen vor und nach bestimmten Ausdrücken wie z. B. quizás *vielleicht*, ojalá *hoffentlich* etc. sowie nach der Konjunktion que *dass* in Wunsch-Sätzen und unpersönlichen Ausdrücken:
Quizá **vengan** los chicos. *Vielleicht kommen die Jungs.*
¡Que te **mejores**! *Gute Besserung!*
Es imposible que **llegues** a tiempo. *Es ist unmöglich, dass du rechtzeitig ankommst.*

Der Subjuntivo Präsens

Die Formen des Subjuntivo Präsens werden von der 1. Person Singular des Indikativ Präsens abgeleitet. Regelmäßige und unregelmäßige Verben auf -ar erhalten die Endungen -e, -es, -e, -emos, -éis, -en, die Verben auf -er und -ir die Endungen -a, -as, -a, -amos, -áis, -an.

hablar	→ habl	-e/-es/-e/-emos/-éis/-en
comer	→ com	-a/-as/-a/-amos/-áis/-an
vivir	→ viv	-a/-as/-a/-amos/-áis/-an
cerrar	→ cierr	-e/-es/-e/-emos/-éis/-en
venir	→ veng	-a/-as/-a/-amos/-áis/-an

Bei den Verben auf -ar und -er sind die Veränderungen des Stammvokals im Subjuntivo die gleichen wie im Indikativ.

Der Subjuntivo Imperfekt

Der Subjuntivo Imperfekt aller Verben wird von der 3. Person Plural des Indefinido abgeleitet. An diesen Stamm werden die entsprechenden Endungen angehängt: **tuvieron** → tuvier**a**, tuvier**as**, tuvier**a**, tuvié**ramos**, tuvier**ais**, tuvier**a**.

Subjuntivo Perfekt

Der Subjuntivo Perfekt wird mit dem Subjuntivo Präsens von haber *haben* (haya, hayas, haya, hayamos, hayáis, hayan) und dem Partizip Perfekt gebildet:
Quizá **haya hablado**. *Vielleicht hat er gesprochen.*

Subjuntivo Plusquamperfekt

Der Subjuntivo Plusquamperfekt wird mit dem Subjuntivo Imperfekt von haber (hubiera, hubieras, hubiera, hubiéramos, hubierais, hubieran) und dem Partizip Perfekt gebildet:
Yo no **hubiera ido**. *Ich wäre nicht gegangen.*

Der Subjuntivo in Bedingungssätzen

Der Subjuntivo steht bei Bedingungssätzen im Nebensatz:
Si **tuviera** dinero, haría un viaje. *Wenn ich Geld hätte, würde ich eine Reise machen.*
Si **hubiera tenido tiempo**, habría hecho un viaje. *Wenn ich Zeit gehabt hätte, hätte ich eine Reise gemacht.*

Der Subjuntivo steht auch in Relativsätzen, die eine Bedingung oder einen Wunsch ausdrücken:
Buscamos **un hotel que esté** en el centro. *Wir suchen ein Hotel, das im Zentrum ist (liegen muss).*

10 Der Imperativ

A2

Formen

Die regelmäßigen Formen des Imperativs werden wie folgt gebildet:

	hablar *sprechen*	**beber** *trinken*	**escribir** *schreiben*
(tú)	¡habl**a**!	¡beb**e**!	¡escrib**e**!
(usted)	¡habl**e**!	¡beb**a**!	¡escrib**a**!
(nosotros/-as)	¡habl**emos**!	¡beb**amos**!	¡escrib**amos**!
(vosotros/-as)	¡habl**ad**!	¡beb**ed**!	¡escrib**id**!
(ustedes)	¡habl**en**!	¡beb**an**!	¡escrib**an**!

Nur die 2. Person Singular und Plural haben eine eigene Imperativform. Für die anderen Personen werden die entsprechenden Formen des Subjuntivo Präsens verwendet. Dies gilt auch für alle Personen des verneinten Imperativs: ¡no habl**es**!, ¡no habl**e**!, ¡no habl**emos**!, ¡no habl**éis**!, ¡no habl**en**! (▷ 9).

B1

Die Verben, die im Präsens Stammvokalveränderungen haben, behalten diese im Imperativ bei:

pensar *denken* → ¡p**ie**nsa!, ¡p**ie**nse!, ¡p**e**nsemos!, ¡p**e**nsad!, ¡p**ie**nsen!
volver *zurückkehren* → ¡v**ue**lve!, ¡v**ue**lva!, ¡v**o**lvamos!, ¡v**o**lved!, ¡v**ue**lvan!

Folgende Verben haben eine unregelmäßige 2. Person Singular:

decir	*sagen*	→	¡di!
hacer	*machen*	→	¡haz!
ir	*gehen, fahren, fliegen*	→	¡ve!
poner	*legen, stellen*	→	¡pon!

salir	*hinausgehen*	→	¡sal!
ser	*sein*	→	¡sé!
tener	*haben*	→	¡ten!
venir	*kommen*	→	¡ven!

Die unregelmäßigen Höflichkeitsformen sowie die Formen der 1. Person Plural sind durch die Unregelmäßigkeiten des Subjuntivo bedingt:

	decir *sagen*	**hacer** *machen*
(tú)	¡di!	¡haz!
(usted)	¡diga!	¡haga!
(nosotros/-as)	¡digamos!	¡hagamos!
(vosotros/-as)	¡decid!	¡haced!
(ustedes)	¡digan!	¡hagan!

Gebrauch

Der Imperativ wird hauptsächlich für Aufforderungen, Ratschläge und Einladungen gebraucht.

B1 ⚡ Die Reflexivpronomen werden beim bejahten Imperativ an das Verb angehängt (▷ 6). Dabei entfällt in der 1. Person Plural das -s der Endung und in der 2. Person Plural das -d:

Sentemos + nos → ¡Sentémo**nos**! *Setzen wir uns!*
Esconded + os → ¡Esconde**os**! *Versteckt euch!*

⇄ Im Spanischen wird selten auch der Infinitiv als Imperativ verwendet: ¡Levantaos! *Aufstehen!* In der familiären Umgangssprache wird jedoch der Infinitiv manchmal mit einem vorangestellten a verwendet:

Por favor, **¡a comer**! *Bitte zu Tisch!*

11 Der Infinitiv

B1

Der Infinitiv ist die Grundform des Verbs und in Person und Numerus unveränderlich: hablar *sprechen*, beber *trinken*, vivir *wohnen, leben*.

Gebrauch

Der Infinitiv kommt im Spanischen häufig in verbalen Umschreibungen vor und kann auch Nebensätze verkürzen.

Die meisten verbalen Umschreibungen drücken den Beginn oder das Ende einer Handlung aus:

A1	ir a	+ Infinitiv	*etwas tun werden*
A1	acabar de	+ Infinitiv	*gerade etwas getan haben*
B2	acabar por	+ Infinitiv	*schließlich etwas tun*
	ponerse a	+ Infinitiv	*anfangen, etwas zu tun*
B2	no tardar en	+ Infinitiv	*bald etwas tun*
B2	llegar a	+ Infinitiv	*schließlich etwas erreichen*

Der Infinitiv kann verschiedene Arten von Nebensätzen verkürzen:

- al + Infinitiv dient der Verkürzung eines Temporalsatzes der Gleichzeitigkeit:
  Al bajar la escalera, me caí. *Als ich die Treppe hinunterging, fiel ich hin.*
- antes de, después + Infinitiv dient ebenfalls zur Verkürzung eines Temporalsatzes: A2
  Antes de ir al trabajo, Javier lee siempre el periódico.
  Bevor er zur Arbeit geht, liest Javier immer die Zeitung.
- mit por + Infinitiv wird ein Kausalsatz verkürzt: B2
  Por hablar tan alto has despertado a todo el mundo.
  Weil du so laut geredet hast, hast du alle aufgeweckt.

A2

12 Das Partizip

Das Partizip Präsens wird im Spanischen nur selten verwendet. Gebräuchlicher ist das Partizip Perfekt.

Formen

hablar *sprechen*	**beber** *trinken*	**vivir** *leben*
habl**ado**	beb**ido**	viv**ido**

Einige Verben haben ein unregelmäßiges Partizip:

abrir	*öffnen*	→	abierto	*geöffnet*
decir	*sagen*	→	dicho	*gesagt*
escribir	*schreiben*	→	escrito	*geschrieben*
hacer	*machen*	→	hecho	*gemacht*
poner	*legen, stellen*	→	puesto	*gelegt, gestellt*
ver	*sehen*	→	visto	*gesehen*
volver	*zurückkommen*	→	vuelto	*zurückgekommen*

Gebrauch

Das Partizip Perfekt wird in folgenden Fällen verwendet:

- mit dem Hilfsverb haber zur Bildung der zusammengesetzten Zeiten. Das Partizip ist unveränderlich:
  Hemos **trabajado** todo el día. *Wir haben den ganzen Tag gearbeitet.*
- mit dem Hilfsverb ser zur Bildung des Passivs. Das Partizip ist veränderlich:
  La ciudad fue **fundada** hace 200 años. *Die Stadt wurde vor 200 Jahren gegründet.*
- mit dem Hilfsverb estar zur Bildung des Zustandspassivs. Das Partizip ist veränderlich:
  La puerta está **cerrada**. *Die Tür ist geschlossen.*
  El banco está **cerrado**. *Die Bank ist geschlossen.*

13 Das Gerund

B1

Das spanische Gerund ist eine unveränderliche Form des Verbs, für die es im Deutschen keine direkte Entsprechung gibt.

Formen

hablar *sprechen*	**beber** *trinken*	**vivir** *leben*
habl**ando**	beb**iendo**	viv**iendo**

Ausnahmen:
Bei allen Verben auf -ir, bei denen sich im Präsens der Stammvokal -e- in -ie- oder -i- verwandelt, wird im Gerund ebenfalls das -e- zu -i-:

pedir *bitten*	→	p**i**diendo
sentir *fühlen*	→	s**i**ntiendo

Die Verben poder, dormir und morir haben im Gerund ein -u- im Stamm:

poder *können*	→	p**u**diendo
dormir *schlafen*	→	d**u**rmiendo
morir *sterben*	→	m**u**riendo

Bei den Verben auf -er und -ir, die im Infinitiv zwei aufeinanderfolgende Vokale haben, wird das -i- der Endung durch ein -y- ersetzt:

construir *bauen*	→	constru**y**endo
creer *glauben*	→	cre**y**endo

Gebrauch

Wie der Infinitiv tritt auch das Gerund in verbalen Umschreibungen auf, um den Verlauf einer Handlung bzw. deren Anfang oder Ende auszudrücken.

estar	+ Gerund	*gerade etwas tun*
seguir	+ Gerund	*fortfahren, etwas zu tun*
llevar	+ Gerund	*seit einer gewissen Zeit etwas tun*
empezar	+ Gerund	*anfangen, etwas zu tun*
acabar	+ Gerund	*schließlich etwas tun*

Cuando llegamos estaban **desayunando**. *Als wir ankamen, frühstückten sie gerade.*
Teresa lleva ya ocho años **viviendo** en el Perú. *Teresa lebt schon seit acht Jahren in Peru.*
Acabaron **aceptando** la nueva situación. *Sie haben die neue Situation schließlich akzeptiert.*

Das Gerund dient auch der Verkürzung von Nebensätzen. Es verkürzt

B2
- einen Modalsatz:
  Cogiendo su bolso, se marchó. *Sie nahm ihre Tasche und ging.*

B2
- einen Temporalsatz:
  Saliendo de la estación, encontré a tu hermano. *Als ich aus dem Bahnhof kam, traf ich deinen Bruder.*

B2
- einen Bedingungssatz:
  Llegando un poco antes, podrás cenar con nosotros. *Wenn du ein bisschen früher kommst, kannst du mit uns zu Abend essen.*

B2
- einen Konzessivsatz mit der Konjunktion aun:
  Aun **creyendo** su historia, no podría hacer nada por él. *Auch wenn ich seine Geschichte glauben würde, könnte ich nichts für ihn tun.*

14 Das Passiv

B2

Das Passiv wird im Spanischen hauptsächlich in der gehobenen Schriftsprache verwendet. Es dient dazu, das Objekt einer Handlung zu betonen.

Formen

Beim Passiv wird zwischen Vorgang und Zustand unterschieden:

Vorgangspassiv **Präsens von invitar** *ich werde eingeladen*	**Zustandspassiv** **Präsens von invitar** *ich bin eingeladen*
soy invitado/-a	estoy invitado/-a
eres invitado/-a	estás invitado/-a
es invitado/-a	está invitado/-a
somos invitados/-as	estamos invitados/-as
sois invitados/-as	estáis invitados/-as
son invitados/-as	están invitados/-as

Das Passiv wird mit ser bzw. estar und dem Partizip Perfekt gebildet. Es richtet sich in Genus und Numerus nach dem Subjekt des Satzes:
La casa **fue construida** por mi abuelo. *Das Haus wurde von meinem Großvater gebaut.*

Gebrauch

Beim Passiv tritt der Urheber einer Handlung in den Hintergrund und das Objekt in den Vordergrund:
El libro será publicado en diciembre. ***Das Buch** wird im Dezember veröffentlicht.*
Wenn der Urheber der Handlung erwähnt werden soll, verwendet man im Spanischen die Präposition por:
El libro será publicado **por una gran editorial**. *Das Buch wird **von einem großen Verlag** veröffentlicht.*

Das Passiv kommt in der spanischen Umgangssprache selten vor. Es wird häufig durch eine reflexive Verbform in der 3. Person Singular oder Plural oder auch durch unpersönliche Konstruktionen ersetzt (▶ 7.4):
Las patatas **se cortan** en rodajas finas. *Die Kartoffeln* ***werden*** *in dünne Scheiben* ***geschnitten.***
El coche no **se ha vendido** todavía. *Das Auto ist noch nicht* ***verkauft worden.***
Robaron a los turistas. *Die Touristen sind* ***ausgeraubt worden.***

Im letzten Beispiel wird das Subjekt des deutschen Satzes zum direkten Objekt des spanischen Satzes. Beachten Sie die Wortstellung der Pronomen!

Spanisch	Deutsch
Verb + Objekt:	Subjekt + Verb:
Operan a **José.**	***Jose*** *wird operiert.*
Objektpronomen + Verb:	Subjektpronomen + Verb:
Lo operan.	***Er*** *wird operiert.*

Auf einen Blick

Der Imperativ

Für den Imperativ werden die entsprechenden Formen des Subjuntivo Präsens verwendet. ◐ Ausnahmen sind die positiven Imperativformen der 2. Person Singular und Plural. Die Du-Form ist die gleiche wie die 3. Person des Indikativ Präsens: él habl**a** *er spricht* → ¡Habl**a**! *Sprich!*
Die Form der 2. Person Plural wird gebildet, indem man das -r der Infinitivform durch -d ersetzt: habla**r** *sprechen* → ¡Habla**d**! *Sprecht!*
Einige Verben haben eine unregelmäßige 2. Person Singular: decir *sagen* → ¡di!, poner *stellen* → ¡pon!

Der Infinitiv

Der Infinitiv ist die Grundform des Verbs und kommt im Spanischen häufig in verbalen Umschreibungen und als Verkürzung von Nebensätzen vor:

- Voy a **comer**. *Ich werde essen.*
- Empezó a trabajar después de **terminar** el estudio. *Er begann zu arbeiten, nachdem er das Studium abgeschlossen hatte.*

Das Partizip Perfekt

Es gibt folgende regelmäßige Partizip-Formen:
hablar → hablado *gesprochen*, comer → comido *gegessen*, vivir → vivido *gelebt*.
◐ Unregelmäßige Formen sind:
decir → dicho *gesagt*, volver → vuelto *zurückgekommen*.
Das Partizip Perfekt wird zusammen mit dem Hilfsverb haber zur Bildung zusammengesetzter Zeiten gebraucht:

He hablado con ella. *Ich habe mit ihr gesprochen.*
Zusammen mit dem Verb estar wird das Partizip verwendet, um Zustände zu beschreiben:
La casa está vendida. *Das Haus ist verkauft (worden).*

Das Gerund

Die regelmäßigen Formen werden gebildet, indem die Endung -ando oder -iendo an den Verbstamm angehängt wird:
habl**ar** → habl**ando**, beb**er** → beb**iendo**.

ℹ Es gibt im Deutschen keine direkte Entsprechung für das Gerund.
Das spanische gerundio wird in verbalen Umschreibungen verwendet und, wie der Infinitiv, um Nebensätze zu verkürzen:

- ¡Espera! Estoy telefoneando. *Warte! Ich telefoniere gerade.*
- Yo he aprendido alemán hablando con amigos. *Ich habe Deutsch gelernt, indem (weil) ich mit Freunden gesprochen habe.*

Das Passiv

Das Passiv kommt in der spanischen Umgangssprache selten vor. Es wird häufig durch eine reflexive Verbform in der 3. Person Singular oder Plural ersetzt:
Los libros **son vendidos.** → Estos libros **se venden** bien. *Diese Bücher werden gut verkauft.*
Wenn man den Urheber einer Handlung nicht nennen will, benutzt man oft die 3. Person Plural:
Me **han** robado la cartera. *Man hat mir die Tasche gestohlen./Meine Tasche ist gestohlen worden.*

15 Die Präposition

A1

Präpositionen sind unveränderlich. Sie bezeichnen z. B. zeitliche oder örtliche Beziehungen zwischen Personen und Gegenständen.

Die häufigsten Präpositionen im Spanischen sind:

a *nach, um, zu*	hace *vor*
con *mit, bei*	hasta *bis, sogar*
de *von, aus*	para *für, um … zu*
desde *seit, von … aus*	por *wegen, durch, von*
en *in, an, auf*	sin *ohne*
entre *zwischen*	sobre *über, auf*

Formen und Gebrauch

Die Präposition a *nach, zu, in, an, auf*:

- Richtung: Este año vamos a ir **a** España. *Dieses Jahr werden wir nach Spanien fahren.*
- Entfernung: El hotel está **a** 500 metros de la estación. *Das Hotel ist 500 Meter vom Bahnhof entfernt.*
- Uhrzeit: La clase termina **a** las tres y media. *Der Unterricht endet um halb vier.*
- Häufigkeit: Tenemos clases dos veces **a** la semana. *Wir haben zwei Mal pro Woche Unterricht.*
- vor dem indirekten Objekt: Voy a regalarle el cuadro **a mi hermana**. *Ich werde das Bild meiner Schwester schenken.*
- vor dem direkten Objekt, wenn es sich um eine Person handelt: He visto **a Juan**. *Ich habe Juan gesehen.*

Im Deutschen wird die Präposition *in* sowohl für eine Position als auch für das Ziel einer Bewegung verwendet.

Im Spanischen steht entweder a oder en:

- lokal, nicht zielgerichtet: Estamos **en** la ciudad. *Wir sind **in** der Stadt.*
- zielgerichtet: Vamos **a** la ciudad. *Wir gehen **in** die Stadt.*

Die Präposition de *von, aus*:

- Herkunft: El tren viene **de** Barcelona. *Der Zug kommt aus Barcelona.* Mi marido es **de** Grecia. *Mein Mann ist aus Griechenland.*
- Besitz: Este coche es **de** mi vecina. *Dieses Auto gehört meiner Nachbarin.*
- Stoff, Material: Mi hermano sólo lleva camisas **de** seda. *Mein Bruder trägt nur Seidenhemden.*
- Menge, Maß oder Anzahl: Para este plato necesitas un kilo **de** tomates. *Für dieses Gericht brauchst du ein Kilo Tomaten.*
- Zeitraum (de ... a *von ... bis*): Trabajo **de** lunes a jueves. *Ich arbeite von Montag bis Donnerstag.*

ℹ Mit der Präposition de können auch verschiedene Ausdrücke zu einem Begriff zusammengefasst werden: La **clase de francés** es siempre muy interesante. *Der **Französischunterricht** ist immer sehr interessant.*

Die Präposition con *mit*:

- Begleitung oder Begleitumstände: Voy a hacer un viaje **con** mi hija. *Ich werde mit meiner Tochter verreisen.* **Con** este tiempo es mejor quedarse en casa. *Bei diesem Wetter bleibt man besser zu Hause.*
- A2 Mittel oder Art und Weise: Lo ha hecho **con** mucho amor. *Er hat es mit viel Liebe gemacht.*

Die Präposition desde *von … aus, ab, seit*:

- Ort: **Desde** mi ventana puedo ver toda la ciudad. *Von meinem Fenster aus kann ich die ganze Stadt sehen.*
- Zeit: **Desde** las once de la mañana no he comido nada. *Seit 11 Uhr habe ich nichts mehr gegessen.*

Desde bezeichnet einen konkreten Zeitpunkt, während man mit desde hace den vergangenen Zeitraum angibt. Nach desde hace steht immer ein Zahlwort oder ein Indefinitpronomen:

- Zeitpunkt: **Desde** marzo no he vuelto a hablar con ellos. *Seit März habe ich nicht mehr mit ihnen geredet.*
- Zeitspanne: Belén estudia inglés **desde hace** tres años. *Belén lernt seit drei Jahren Englisch.*

Die Präposition en *in, auf, an*:

- Ort: **En** esta ciudad hay cuatro museos. *In dieser Stadt gibt es vier Museen.*
- Zeitangabe: **En** octubre empiezo con mi nuevo trabajo. *Im Oktober fange ich mit meiner neuen Arbeit an.*
- Verkehrsmittel: Ir **en** tren es muy cómodo. *Mit dem Zug zu fahren, ist sehr bequem.*
- Ebenso: **en** coche *mit dem Auto*, **en** avión *mit dem Flugzeug*, **en** bicicleta *mit dem Fahrrad* (aber: **a** pie *zu Fuß* , **a** B1 caballo *mit dem Pferd*)

Die Präposition entre *zwischen*:

- zeitliche Bedeutung: **Entre** la una y las cuatro está todo cerrado. *Zwischen 13.00 und 14.00 Uhr ist alles geschlossen.*
- räumliche Bedeutung: El banco está **entre** el teatro y el museo. *Die Bank ist zwischen dem Theater und dem Museum.*

A2 Die Präposition hace *vor*:

Mit der Präposition hace *vor* bezieht man sich auf die Zeit, die seit einem bestimmten Zeitpunkt bis zur Gegenwart vergangen ist:
Hace tres años lo vi por última vez. *Vor drei Jahren sah ich ihn zum letzten Mal.*

Die Präposition hasta *bis*:

- räumliche Bedeutung: **Hasta** Madrid son 400 kilómetros. *Bis Madrid sind es 400 Kilometer.*
- zeitliche Bedeutung: Julio trabaja **hasta** las seis y media. *Julio arbeitet bis halb sieben.*

Die Präposition para *für, um …zu, nach*:

- Bestimmung oder Zweck: Estos libros son **para** mi cuñado. *Diese Bücher sind für meinen Schwager.*
- Zielrichtung: El tren **para** Bilbao tiene veinte minutos de retraso. *Der Zug nach Bilbao hat zwanzig Minuten Verspätung.*
- genauer Zeitpunkt in der Zukunft, Termin, Frist: Hemos B1 pospuesto la reunión **para** mañana. *Wir haben die Besprechung auf morgen verschoben.* Hemos A2 quedado **para** el viernes. *Wir haben uns auf Freitag geeinigt.*
- in einem Infinitivsatz, um eine Absicht auszudrücken: Estoy A2 aprendiendo español **para** estudiar en España. *Ich lerne Spanisch, um in Spanien zu studieren.*

Die Präposition por *für, wegen, durch*:

- Ursache, Grund: Todo esto lo ha hecho **por** ella. *Das alles hat er für sie getan.*
- Preis, Gegenwert: Han pagado demasiado **por** esta casa. *Sie haben zu viel für dieses Haus bezahlt.*
- ungenaue Ortsangabe: No hay ningún restaurante **por** aquí. *In dieser Gegend gibt es kein Restaurant.*
- allgemeine Zeitangabe, Tageszeiten: **por** la mañana *morgens*, **por** la tarde *nachmittags*, **por** la noche *abends, nachts*
- B2 Urheber beim Passiv: "Cien años de soledad" fue escrita **por** García Márquez. *„Hundert Jahre Einsamkeit" wurde von García Márquez geschrieben.*
- feste Redewendungen: Gracias **por** su ayuda. *Danke für Ihre Hilfe.* Lo felicito **por** su trabajo. *Ich gratuliere Ihnen zu Ihrer Arbeit.*

Für kann mit por oder para übersetzt werden. Beachten Sie den Unterschied: por bezeichnet die Ursache oder den Grund, para die Bestimmung oder den Zweck: Ella lo hace solo **por** dinero. *Sie tut es nur des Geldes wegen.* Ella lo hace **para** sus hermanos. *Sie tut es für ihre Geschwister.*

Weitere Präpositionen:

Örtliche Beziehungen:

a la derecha (de) *rechts (von)*
a la izquierda (de) *links (von)*
al lado (de) *neben*
enfrente (de) *gegenüber (von)*
cerca (de) *nah (bei)*
lejos (de) *weit (von)*
delante (de) *vor*
detrás (de) *hinter*
debajo (de) *unter*
al final (de) *am Ende (von)*

A1

16 Die Konjunktion

Konjunktionen sind unveränderlich. Sie verbinden Teile eines Satzes oder ganze Sätze miteinander. Man unterscheidet zwischen den nebenordnenden und den unterordnenden Konjunktionen.

A1 16.1 Die nebenordnende Konjunktion

Die nebenordnenden Konjunktionen verbinden gleichrangige Sätze oder Satzteile.
Die wichtigsten Formen lauten:

y	*und*
sino	*sondern*
B1 ni	*und nicht, auch nicht, noch*
(ni) … ni	*weder … noch*
o	*oder*
pero	*aber*
(o) … o	*entweder … oder*
A2 aunque	*obwohl*

No hay **ni** piscina **ni** restaurante. *Hier gibt es weder ein Schwimmbad noch ein Restaurant.*
Estamos invitados a la fiesta **pero** no vamos a ir.
Wir sind zu dem Fest eingeladen, aber wir werden nicht hingehen.
Vamos a Grecia **o** nos quedamos en casa. *Wir fahren nach Griechenland oder bleiben zu Hause.*

A1 16.2 Die unterordnende Konjunktion

Die unterordnenden Konjunktionen leiten Nebensätze ein. Nach einigen Konjunktionen muss der Subjuntivo (▷ 9.3) stehen.

Die Konjunktion que *dass* ist eine der häufigsten unterordnenden Konjunktionen. Sie leitet einen Nebensatz ein, der das Subjekt, das direkte Objekt oder eine präpositionale Ergänzung des Hauptsatzes sein kann:
Creo **que** va a llover. *Ich glaube, dass es regnen wird.*
Es probable **que** Rosa consiga el trabajo. *Es ist wahrscheinlich, dass Rosa den Job bekommt.*
Madrid es una ciudad en la **que** hay mucha vida nocturna. *Madrid ist eine Stadt, in der es viel Nachtleben gibt.*

16.3 Weitere Konjunktionen

A2

⚡ Manche Konjunktionen erfordern den Indikativ, andere den Subjuntivo.

- temporale (zeitliche) Konjunktionen:

cuando	*wenn, als*
antes de que	*bevor*
después de que	*nachdem*
hasta que	*bis*
mientras	*während*

Cuando llegó ya habíamos terminado la cena. *Als er kam, waren wir schon mit dem Abendessen fertig.*
Cuando me levanto pongo la radio. *(Immer) wenn ich aufstehe, mache ich das Radio an.*
B1 Cierra las ventanas **antes de que** te vayas. *Schließ die Fenster, bevor du gehst.*
B1 Voy a esperar **hasta que** sepa algo concreto. *Ich werde warten, bis ich etwas Konkretes weiß.*

- kausale (begründende) Konjunktionen:

A1 porque	*da, weil, denn*
B1 como	*da, weil*
B1 pues	*denn*
B2 puesto que	*da, weil, denn*

No puedo ir contigo **porque** no tengo tiempo. *Ich kann nicht mitkommen, weil ich keine Zeit habe.*
Carlos no va a quedarse mucho tiempo **pues** tiene que levantarse temprano. *Carlos wird nicht lange bleiben, denn er muss früh aufstehen.*

B2 • konsekutive (folgernde) Konjunktionen:

de modo que	*sodass, weshalb, damit*
de manera que	*sodass, weshalb, damit*

El pone siempre su reloj a las seis, **de manera que** tiene tiempo para desayunar. *Er stellt seinen Wecker immer um sechs, sodass er genug Zeit zum Frühstücken hat.*
⚡ In der Bedeutung von *damit* verlangen diese Konjunktionen den Subjuntivo:
Ven a las siete **de manera que** podamos empezar temprano. *Komm um sieben Uhr, damit wir früh anfangen können.*

B2 • finale (bezweckende) Konjunktionen:

para que	*damit*
a fin de que	*damit*

Ponte el impermeable **para que** no te mojes. *Zieh den Regenmantel an, damit du nicht nass wirst.*
⚡ Finalsätze erfordern immer den Subjuntivo.

• konzessive (einräumende) Konjunktionen:

aunque	*obwohl, selbst wenn*
B1 a pesar de que	*obwohl*

Vamos a comprar la casa **aunque** es bastante cara.
Wir werden das Haus kaufen, obwohl es sehr teuer ist.

Aunque steht je nach Bedeutung mit dem Indikativ (*obwohl*) oder dem Subjuntivo (*selbst wenn*). B1

Aunque estudie no pasaré el examen. *Selbst wenn ich viel lerne, werde ich die Prüfung nicht bestehen.*

• konditionale (bedingende) Konjunktionen:

si	*wenn*
en caso (de) que	*falls*
a condición de que	*unter der Bedingung, dass*

Si no puedes traerme el libro, yo iré a buscarlo. *Wenn du mir das Buch nicht bringen kannst, werde ich es abholen.*

En caso (de) que und a condición de que erfordern den Subjuntivo.

Bei si-Sätzen steht nach si der Subjuntivo Imperfekt oder der Subjuntivo Plusquamperfekt (▷ 9.2).

• modale Konjunktionen B2

como	*wie*
como si	*als ob*

Lo hicimos **como** habíamos acordado. *Wir haben es so gemacht, wie wir es abgesprochen hatten.*

Nach como si steht der Subjuntivo Imperfekt oder der Subjuntivo Plusquamperfekt.

A1

17 Die Wortstellung im Satz

Das Spanische hat im Gegensatz zum Deutschen eine sehr freie Wortstellung. In der Regel ist die Wortfolge jedoch Subjekt – Verb – Objekt (S-V-O).

A1

17.1 Der Aussagesatz

Einige Variationen von S-V-O sind:

- Sätze ohne Objekt (bei intransitiven Verben):

Subjekt	+	Verb	+	Ergänzungen
Daniela		vive		en Quito.
Daniela		*wohnt*		*in Quito.*

- Sätze mit einem oder zwei Objekten (bei transitiven Verben):

(Das Objekt steht entweder hinter oder vor dem Verb.)

Subjekt	+	Verb	+	dir. Obj.
Carmen		compra		**el vino**
Carmen		*kauft*		*den Wein.*

dir. Obj.	+	Objektpron.	+	Verb	+	Subjekt
El vino		lo		compra		Carmen.
Den Wein				*kauft*		*Carmen.*

Subjekt	+	Objektpron.	+	Verb	+	dir. Obj.	+	indir. Obj.
La cangura		**le**		da		**el desayuno**		a la niña.
Das Au-pair-Mädchen				*gibt*		*dem Kind*		*das Frühstück.*

Achten Sie bei diesen Satzmustern auf die Verdoppelung des Objekts durch das Pronomen (▷ 6)!

- Sätze ohne Subjekt:

Wetterverben und unpersönliche Konstruktionen haben im Spanischen kein Subjekt (▷ 7.4):
Hace sol. *Die Sonne scheint.*

⚡ Oft steht im Spanischen die Information, die betont werden soll, am Ende des Satzes:

Zeitangabe +	Verb +	Subjekt
En 1945	acabó	**la II Guerra Mundial.**
1945	*endete*	*der Zweite Weltkrieg.*

17.2 Der Fragesatz

A1

💡 Im Spanischen beginnt die Frage mit einem Fragezeichen, das auf dem Kopf steht: ¿Hablas español? *Sprichst du Spanisch?* Da das spanische Subjekt oft weggelassen wird, kann man eine Frage in der Regel nur an der steigenden Intonation erkennen.

17.2.1 Die Gesamtfrage

A1

ℹ Die Gesamtfrage wird ohne Fragewort gebildet. Man verwendet sie in der Regel, um in Erfahrung zu bringen, ob etwas zutrifft oder nicht. Sie wird mit sí *ja* oder no *nein* beantwortet. ⚡ Das Verb steht bei der Inversionsfrage vor dem Subjekt, allerdings kann auch die Wortstellung des Aussagesatzes beibehalten werden (Subjekt *vor* Verb). Häufig wird das Subjekt ganz weggelassen.

- Verb + Subjekt (Inversionsfrage):
  ¿Ha llegado el profesor? *Ist der Lehrer gekommen?*
- Subjekt + Verb (Intonationsfrage mit Subjekt am Anfang):
  ¿El profesor ha llegado? *Der Lehrer ist gekommen?*
- Verb (Intonationsfrage ohne Subjekt):
  ¿Ha llegado? *Ist er gekommen?*

17.2.2 Die Teilfrage

Die Teilfrage bezieht sich nur auf einen Teil des Satzes und enthält immer ein Fragewort. Das Verb steht im Gegensatz zu der Gesamtfrage in der Regel vor dem Subjekt:

Fragewort + Verb + Subjekt:
¿Cuánto cuesta el kilo? *Wie viel kostet das Kilo?*

In manchen lateinamerikanischen Ländern steht das Subjekt bei der Teilfrage vor dem Verb:
¿De dónde **tú** eres? *Wo kommst du her?*

Bei indirekten Fragen steht das Subjekt des Nebensatzes meist nach dem Verb:
José pregunta que dónde está **María**. *José fragt, wo María ist.*

Einige wichtige Fragewörter:

qué	*was, welche/-r/-s, was für ein/-e*
A2 quíen/-es	*wer*
cuál/-es	*was, welche/-r/-s*
dónde	*wo*
cuándo	*wann*
cómo	*wie*

Auf einen Blick

Die Präposition

Präpositionen sind in ihrer Form unveränderlich. Sie können zeitliche oder örtliche Beziehungen zwischen Personen und Gegenständen beschreiben.

Achten Sie besonders auf die Präpositionen por, para, a und en:

- Grund: El presidente no vendrá **por** su enfermedad. *Der Präsident kommt nicht **wegen** seiner Krankheit.*
- Zweck: Ella ha traído cosas **para** los niños. *Sie hat Sachen **für** die Kinder gebracht.*
- Richtung: Vamos **a** la ciudad. *Wir fahren **in** die Stadt.*
- Ort: Estamos **en** la ciudad. *Wir sind **in** der Stadt.*

Die Konjunktion

Auch Konjunktionen sind unveränderlich. Sie verbinden Teile eines Satzes oder ganze Sätze miteinander.
Die **nebenordnenden Konjunktionen** verbinden gleichrangige Sätze oder Satzteile:
Estoy invitado **pero** no voy a ir. *Ich bin eingeladen worden, **aber** ich werde nicht hingehen.*
Die **unterordnenden Konjunktionen** leiten Nebensätze ein:
Creo **que** va a llover. *Ich glaube, **dass** es regnen wird.*

Weitere Konjunktionen:
- temporale Konjunktionen:
  Cuando vienes, me alegro mucho. *Wenn du kommst, freue ich mich.*

- kausale Konjunktionen:
  No puedo asistir **porque** no tengo tiempo. *Ich kann nicht daran teilnehmen, weil ich keine Zeit habe.*
- finale Konjunktionen:
  Toma esto **para que** te protejas. *Nimm das, damit du dich schützen kannst.*
- konzessive Konjunktionen:
  Aunque estudie mucho no pasaré el examen. *Selbst wenn ich viel lerne, werde ich die Prüfung nicht bestehen.*
- konditionale Konjunktionen:
  Si vienes, te muestro mi casa. *Wenn du kommst, zeige ich dir mein Haus.*

Die Wortstellung im Satz

In der Regel ist die Wortfolge im Satz Subjekt-Verb-Objekt (S-V-O):
Salomé estudia alemán. *Salomé lernt Deutsch.*

Der Fragesatz

Im Spanischen beginnt die Frage mit einem umgekehrten Fragezeichen: ¿Hablas español? *Sprichst du Spanisch?* Die **Gesamtfrage** enthält kein Fragewort und wird mit sí *ja* oder no *nein* beantwortet.

- Inversionsfrage:
  ¿Ha llegado el profesor? *Ist der Lehrer gekommen?*
- Intonationsfrage:
  ¿El profesor ha llegado? *Der Lehrer ist gekommen?*
- Intonationsfrage ohne Subjekt:
  ¿Ha llegado? *Ist er gekommen?*

Die **Teilfrage** enthält immer ein Fragewort: ¿Cuánto cuesta la botella? *Wie viel kostet die Flasche?*

18 Die Verneinung

A1

18.1 Die einfache Verneinung

A1

Die einfache Verneinung wird mit no *nein* gebildet.
¿Vas a ir a la fiesta? – **No**, ya tengo otra invitación. *Wirst du zu dem Fest gehen? –* ***Nein****, ich habe schon eine andere Einladung.*
No kann allerdings auch in der Bedeutung von *nicht* bzw. *kein/-e* verwendet werden:
No puedo ayudarte. *Ich kann dir* ***nicht*** *helfen.*
Pedro **no** tiene ganas de ir al cine. *Pedro hat* ***keine*** *Lust, ins Kino zu gehen.*

No in der Bedeutung von *nicht, kein/-e* steht immer vor dem konjugierten Verb bzw. vor dem Hilfsverb bei den zusammengesetzten Zeiten:
No he podido visitar a Luis en el hospital. *Ich habe Luis im Krankenhaus nicht besuchen können.*

Es steht ebenfalls vor unbetonten Akkusativpronomen:
Perdone usted. **No** lo había visto. *Verzeihen Sie. Ich hatte Sie nicht gesehen.*
No bedeutet auch *kein*, wenn es vor einem Substantiv ohne bestimmten Artikel steht:
No tenemos hambre. *Wir haben keinen Hunger.*

18.2 Die doppelte Verneinung

A1

Neben no gibt es im Spanischen noch einige andere Wörter, mit denen man eine Aussage verneinen kann.
Der Gebrauch dieser verneinenden Adverbien, Konjunktionen und Indefinitpronomen erfordert normalerweise eine doppelte Verneinung.

ni	*nicht einmal*	ni siquiera	*nicht einmal*
ni … ni	*weder … noch*	nadie	*niemand*
nunca	*nie*	ningún,	*keiner,*
no … todavía	*noch nicht*	ninguno/-a	*niemand*
nada	*nichts*	tampoco	*auch nicht*

Wenn ein Wort, das eine Aussage verneint, auf ein Verb folgt, steht vor dem Verb ein zusätzliches no:
No he hablado **nunca** con ellos. *Ich habe nie mit ihnen geredet.*
No ha venido **ninguno** de ellos. *Es ist keiner von ihnen gekommen.*

Steht das verneinende Wort am Satzanfang, muss vor dem Verb kein no stehen:
Nunca he hablado con ellos. *Nie habe ich mit ihnen geredet.*
Ninguno de ellos ha venido. *Keiner von ihnen ist gekommen.*

19 Die indirekte Rede

B1

Die indirekte Rede wird in der Regel als que-Satz gebildet, der durch Verben wie decir *sagen*, responder *erwidern* etc. eingeleitet wird.

Im Spanischen verwendet man in der indirekten Rede nicht den Subjuntivo, sondern den Indikativ:

direkte Rede	indirekte Rede
Manuel dice: "Quiero estudiar Matemáticas." *Manuel sagt: „Ich will Mathematik studieren."*	Manuel dice que quiere estudiar Matemáticas. *Manuel sagt, dass er Mathematik studieren will.*

Das que kann nicht weggelassen werden.

Die Zeitenfolge in der indirekten Rede

Bei der indirekten Rede bestimmt das Verb im Hauptsatz die Zeitenfolge. Steht das Verb des Hauptsatzes im Präsens, Perfekt, Futur I oder Konditional, so bleibt die Zeit des ursprünglichen Satzes im Nebensatz erhalten:

direkte Rede		indirekte Rede
Manuel dice/ha dicho/dirá/diría:		Manuel dice/ha dicho/dirá/diría
"Viajo mucho."	→	que viaja mucho.
"He viajado mucho."	→	que ha viajado mucho.
"Viajaba mucho."	→	que viajaba mucho.
"Viajé mucho."	→	que viajó mucho.
"Viajaré mucho."	→	que viajará mucho.
"Viajaría mucho."	→	que viajaría mucho

Steht im Hauptsatz das Verb im Imperfekt, Indefinido oder Plusquamperfekt, so bleiben im Nebensatz das Imperfekt, Indefinido, Konditional und Plusquamperfekt erhalten. Die anderen Zeiten verändern sich wie folgt:

Präsens	→	Imperfekt
Perfekt	→	Plusquamperfekt
Indefinido	→	Indefinido/Plusquamperfekt
Futur I	→	Konditional

direkte Rede		**indirekte Rede**
Manuel decía/dijo/había dicho:		Manuel decía/dijo/había dicho
"Viajo mucho."	→	que viajaba mucho.
"He viajado mucho."	→	que había viajado mucho.
"Viajaba mucho."	→	que viajaba mucho.
"Viajé mucho."	→	que viajó/había viajado mucho.
"Viajaré mucho."	→	que viajaría mucho.
"Viajaría mucho."	→	que viajaría mucho.

Bei indirekten Befehlen ist zu beachten, dass die Befehlsformen in der indirekten Rede im *Subjuntivo* stehen:

direkte Rede		**indirekte Rede**
"¡Friega los vasos!"	→	Dice que friegue los vasos.
„Spül die Gläser!"		*Sie sagt, ich soll die Gläser spülen.*

Steht im Hauptsatz der indirekten Rede das Verb im Indefinido, Imperfekt oder Plusquamperfekt, so wird der *Subjuntivo* Imperfekt als Befehlsform verwendet:

direkte Rede		**indirekte Rede**
"¡Cerrad la puerta!"	→	Dijo que cerráramos la puerta.
„Schließt die Tür!"		*Er sagte, wir sollen die Tür schließen.*

Tests

1 Der Artikel

A1

Setzen Sie den richtigen Artikel ein: los (3x), la (3x), el (2x), las

a. .... señor Pérez no está en .... oficina.

b. .... gente de América Latina es más alegre.

c. .... chica alemana tiene .... ojos azules.

d. .... problema es que no tengo dinero.

e. No me gustan mucho .... calamares, prefiero .... gambas.

f. No me interesan .... coches.

2 Das Substantiv

A1

Wie lauten die Plural- bzw. Singularformen folgender Substantive? Achten Sie auf die Akzente!

a. la plaza ....

b. la canción ....

c. la ciudad ....

d. el color ....

e. las bicicletas ....

f. las veces ....

g. los días ....

h. las acciones ....

A1 **3 Das Adjektiv**
Ergänzen Sie die richtige Form der Adjektive.

a. ¿Dónde has puesto mi blusa (negro) .... y mis zapatillas (blanco) ....?

b. Estas revistas (alemán) .... tienen (bueno) .... artículos.

c. Estas vacaciones son muy (agradable) ....

B1 d. Esta es la (mejor) .... noticia que he escuchado en los (último) .... días.

B1 e. Me parecen (aburrido) .... las clases de español.

A2 **4 Das Adverb**
Wählen Sie zwischen Adverb und Adjektiv.

a. A mi Papá le gustan .... las gambas. (muy/mucho)

b. Carlos, ¿estás contento con el hotel?
Sí, ... (muy/mucho)

c. Es un hotel .... bueno. (mucho/muy)

d. Tengo .... películas buenas en casa. (mucho/muchas/muy)

e. Carlos canta muy .... (bueno/bien/buen)

f. Es un .... músico. (bueno/buen/bien)

g. Mi novia trabaja está .... cerca de aquí. (muy/ mucho/mucha)

h. ¿Y tú? ¿Cómo te sientes? – Me siento .... bien. (mucho/bastante/muy)

i. Pues no .... bien. Estoy enfermo. (mucho/muy)

5 Der Vergleich B1

Vervollständigen Sie die Sätze mit folgenden Wörtern, indem Sie einen Vergleich bilden: muy – la más – más – dificilísimo – que – la que – rapidísimamente – amablemente

a. La historia es una asignatura .... importante.

b. Este coche gasta .... gasolina que el tuyo.

c. Estos mangos están mejores .... aquellos.

d. Ella no me respondió ....

e. Este ejercicio es ....

f. José habla .... No le entiendo nada.

g. Carmen es .... guapa de la clase.

h. Juana es .... más sabe de informática.

6 Das Pronomen A2

Setzen Sie die richtigen Pronomen ein: la (2x), yo, ella, tú, te (5x), le, se (2x), usted, los, lo (2x)

a. .... es una chica muy inteligente. ¿........... conoces?

b. .... soy español, y ...., ¿de dónde eres?

c. Buenos días, Sra. Martínez, ¿cómo está ....?

d. El vino .... hemos comprado en la bodega.
¿Quieres probar...........?

e. ¿Ya .... has dado los regalos a los niños?

f. Sí, ya .... he dado. .... han alegrado mucho.

g. ¿Quieres ir........... ya? ¡No .... vayas todavía!
Es que quiero decir........... algo.

h. Oye, la falda está preciosa. .... queda estupenda.
¡Cómpra..................... !

A1 **7 Das Verb**
Ergänzen Sie die Sätze mit der richtigen Verbform.

a. Ella (hablar) .... italiano y también (entender) .... francés.

b. Yo no (tener) .... que trabajar hoy.

c. Yo no (saber) .... jugar al tenis, pero mi novio (jugar) .... muy bien.

d. ¿Adónde (ir) .... a ir esta noche?

e. Tú (estudiar) .... inglés, ¿verdad?

f. Y ustedes ¿cuándo (volver) ....?

g. Nosotros (volver) .... en agosto.

h. Oye, ¿tú (saber) .... cuándo (empezar) .... la clase?

8 Der Indikativ

A1

Setzen Sie die richtigen Verbformen des Indikativs unter Berücksichtigung der passenden Zeit ein.

a. ¿A qué hora (terminar) .... la película? *(Präsens)*

b. Hoy (empezar) .... con la primera lección. *(Perfekt)*

c. Aún no (volver) .... los chicos. *(Perfekt)*

d. El otro día me (encontrarse) .... con Juán en la calle. *(Indefinido)*

e. Mi abuelo (ser) .... muy trabajador y siempre (hacer) .... algo. *(Imperfekt)* A2

f. Oye, ¿(escuchar) .... lo que (decir) .... él? *(Indefinido)* A2

g. Mañana (ir) .... a ver a mi tía. ¿Me prometes que no (decir) .... nada? *(Futur I)* B1

9 Der Subjuntivo

B1

Übersetzen Sie den Ausdruck in der Klammer mit dem Subjuntivo oder dem Indikativ.

a. El profesor cree que *(ich aus Mexiko bin)* ....

....

b. Ella quiere que *(wir mit ihr gehen)* ....

....

B1 c. Me alegro de que *(du gekommen bist)* ....

....

d. Creo que *(du nichts verstehst)* ....

....

e. Es posible que *(wir heute ausgehen)* ....

....

f. Necesito urgentemente una secretaria que

(Englisch kann) ....

....

B2 g. Me alegraría mucho si *(du kommen könntest)* ....

....

B2 h. Carmen no quería que *(wir nichts sagen)* ....

....

A2 **10 Der Imperativ**
Setzen Sie die Infinitivformen in den Imperativ für die 2. und 3. Person Singular.

	tú	usted
a. tomar mucha agua	....	....
b. dormir mucho	....	....
c. abrir la ventana	....	....
d. hablar despacio	....	....
e. poner la radio	....	....

f. venir mañana ....

g. hacer deporte ....

h. ir de vacaciones ....

11 Der Infinitiv A1

Wie lautet der Infinitiv der hervorgehobenen Verbformen?

a. Me voy a casa. ....

b. ¿A qué hora sales de la oficina? ....

c. ¿Cuándo vuelven los niños? ....

d. Póngame un kilo de tomates, por favor. ....

e. Dame tu número de teléfono, por favor. ....

f. No sé de dónde es ella. ....

g. ¿Vienes a la fiesta? ....

h. ¿Has hecho los deberes? ....

12 Das Partizip A2

Setzen Sie die folgenden Infinitivformen ins Partizip Perfekt.

a. Han (cerrar) .... la puerta.

b. Las ventanas están (abrir) ....

c. Perdona, yo he (romper) .... el vaso.

d. Las dos bicis están (romper) ....

e. Ya hemos (hacer) .... el trabajo.

f. ¿Todavía no has (ver) .... esa película?

g. ¡A comer! La mesa está (poner) ....

h. A ver, ¿dónde has (poner) .... mis cosas?

B1 13 **Das Gerund**
Ergänzen Sie die Sätze mit dem Gerund der Verben in Klammern.

a. Los chicos están (jugar) .... en la playa.

b. ¿Todavía sigues (aprender) .... español?

c. ¿Qué estáis (hacer) ....?

d. Llevamos dos años (construir) .... esta casa.

B2 14 **Das Passiv**
Finden Sie die Fehler und schreiben Sie die Sätze neu.

a. La casa no ha se vendido todavía.

....

b. El libro fue escrito de Cervantes.

....

c. Los regalos sido envueltos por la señorita.

....

d. Esta película ha sido visto por mucha gente.

....

e. Han agotado las entradas.

....

f. La paella es preparado con arroz.

....

g. Esas bebidas se vende muy bien.

....

15 Die Präposition A1

Ergänzen Sie die Sätze mit der richtigen Präposition.

a. ¿Has estado alguna vez .... Caracas? (en/a)

b. Este fin de semana vamos .... teatro. (al/en el)

c. Yo voy al trabajo .... coche. (con/en)

d. Yo vivo .... Madrid. (a/en)

e. Gracias .... el café. (para/por)

f. Estos libros son .... profesor. (del/de el)

g. Ellos aprenden español .... dos años. (desde/hace/desde hace) A2

h. Él trabaja solo .... dinero. (para/por) A2

16 Die Konjunktion A1

Verbinden Sie die passenden Satzteile mit Linien.

a. ¿Quieres una cerveza	pero es muy cara.
b. Me gustaría ir a la ópera	o prefieres vino?
c. A mí me gustan los gatos,	porque hace frío.
d. No vamos a España	e inglés?
e. No hemos ido al parque	pero no los perros.
f. ¿Tú hablas alemán	sino a Cuba.

A1 ⑰ **Die Wortstellung im Satz**
Bringen Sie die Wörter in die richtige Reihenfolge.

a. ¿Cómo él se llama?

....

b. Ella alemana es y estudia ella español aquí porque ella viaja mucho a España.

....

c. ¿Me puede decir cuánto el plato cuesta?

....

d. Perdone, ¿ usted sabe cómo esto funciona?

....

e. Las bebidas compro las yo y tú compras el pan.

....

A1 ⑱ **Die Verneinung**
Ordnen Sie die Wörter zu einem Satz.

a. he / Yo / viajado / no / este año

....

b. En / nunca / casi / Alemania / sol / hace

....

c. ¿Venezuela / Has y / estado / nunca / en?

....

d. he / nada / No / dormido

....

e. No / ningún / tocar / sé / instrumento

....

f. ¿Por qué / tomas / algo / no?

....

g. no / Ya / deporte / hago

....

19 Die indirekte Rede B2

Ergänzen Sie die folgenden Sätze mit der richtigen Verbform.

a. Carlos me preguntó si .... (tenía/he tenido) dinero para prestarle.

b. El profesor dijo que .... (hagamos/hiciéramos) estos ejercicios.

c. Teresa dijo que .... (apagues/apagaras) la radio.

d. El jefe me pidió que le .... (llamaría/llamara) a las siete.

e. Oye, Ana quería saber si le .... (habría /había llamado) alguien mientras estuvo fuera.

Lösungen

1. Der Artikel

a. El señor Pérez no está en la oficina.
b. La gente de América Latina es más alegre.
c. La chica alemana tiene los ojos azules.
d. El problema es que no tengo dinero.
e. No me gustan mucho los calamares, prefiero las gambas.
f. No me interesan los coches.

2. Das Substantiv

a. las plazas, b. las canciones, c. las ciudades, d. los colores, e. la bicicleta, f. la vez, g. el día, h. la acción

3. Das Adjektiv

a. ¿Dónde has puesto mi blusa negra y mis zapatillas blancas?
b. Estas revistas alemanas tienen buenos artículos.
c. Estas vacaciones son muy agradables.
d. Esta es la mejor noticia que he escuchado en los últimos días.
e. Me parecen aburridas las clases de español.

4. Das Adverb

a. A mi Papá le gustan mucho las gambas.
b. Carlos, ¿estás contento con el hotel? Sí, mucho.
c. Es un hotel muy bueno.
d. Tengo muchas películas buenas en casa.
e. Carlos canta muy bien.
f. Es un buen músico.
g. Mi novia trabaja está muy cerca de aquí.
h. ¿Y tú? ¿Cómo te sientes? – Me siento muy bien.
i. Pues no muy bien. Estoy enfermo.

5. Der Vergleich

a. La historia es una asignatura muy importante.
b. Este coche gasta más gasolina que el tuyo.
c. Estos mangos están mejores que aquellos.
d. Ella no me respondió amablemente.
e. Este ejercicio es dificilísimo.
f. José habla rapidísimamente. No le entiendo nada.
g. Carmen es la más guapa de la clase.
h. Juana es la que más sabe de informática.

6. Das Pronomen

a. Ella es una chica muy inteligente. ¿La conoces?
b. Yo soy español, y tú, ¿de dónde eres?
c. Buenos días, Sra. Martínez, ¿cómo está usted?
d. El vino lo hemos comprado en la bodega. ¿Quieres probarlo?
e. ¿Ya le has dado los regalos a los niños?
f. Sí, ya se los he dado. Se han alegrado mucho.
g. ¿Quieres irte ya? ¡No te vayas todavía! Es que quiero decirte algo.
h. Oye, la falda está preciosa. Te queda estupenda. ¡Cómpratela!

7. Das Verb

a. Ella habla italiano y también entiende francés.

b. Yo no tengo que trabajar hoy.
c. Yo no sé jugar al tenis, pero mi novio juega muy bien.
d. ¿Adónde vais a ir esta noche?
e. Tú estudias inglés, ¿verdad?
f. Y ustedes ¿cuándo vuelven?
g. Nosotros volvemos en agosto.
h. Oye, ¿tú sabes cuándo empieza la clase?

8. Der Indikativ
a. ¿A qué hora termina la película?
b. Hoy hemos empezado con la primera lección.
c. Aún no han vuelto los chicos.
d. El otro día me encontré con Juán en la calle.
e. Mi abuelo era muy trabajador y siempre hacía algo.
f. Oye, ¿escuchaste lo que dijo él?
g. Mañana iremos a ver a mi tía. ¿Me prometes que no dirás nada?

9. Der Subjuntivo
a. El profesor cree que soy de México.
b. Ella quiere que vayamos con ella.
c. Me alegro de que hayas venido.
d. Creo que no entiendes nada.
e. Es posible que salgamos hoy.
f. Necesito urgentemente una secretaria que sepa inglés.
g. Me alegraría mucho si pudieras venir.
h. Carmen no quería que dijeramos nada.

10. Der Imperativ
a. toma, tome
b. duerme, duerma
c. abre, abra
d. habla, hable
e. pon, ponga
f. ven, venga
g. haz, haga
h. ve, vaya

11. Der Infinitiv
a. ir, b. salir, c. volver, d. poner, e. dar, f. saber, g. venir, h. hacer

12. Das Partizip
a. Han cerrado la puerta.
b. Las ventanas están abiertas.
c. Perdona, yo he roto el vaso.
d. Las dos bicis están rotas.
e. Ya hemos hecho el trabajo.
f. ¿Todavía no has visto esa película?
g. ¡A comer! La mesa está puesta.
h. A ver, ¿dónde has puesto mis cosas?

13. Das Gerund
a. Los chicos están jugando en la playa.
b. ¿Todavía sigues aprendiendo español?
c. ¿Qué estáis haciendo?
d. Llevamos dos años construyendo esta casa.

14. Das Passiv
a. La casa no se ha vendido todavía.
b. El libro fue escrito por Cervantes.
c. Los regalos han sido envueltos por la señorita.
d. Esta película ha sido vista por mucha gente.
e. Se han agotado las entradas.
f. La paella es preparada con arroz.
g. Estas bebidas se venden muy bien.

15. Die Präposition
a. ¿Has estado alguna vez en Caracas?
b. Este fin de semana vamos al teatro.

c. Yo voy al trabajo en coche.
d. Yo vivo en Madrid.
e. Gracias por el café.
f. Estos libros son del profesor.
g. Ellos aprenden español desde hace dos años.
h. Él trabaja solo por dinero.

16. Die Konjunktion

a. ¿Quieres una cerveza o prefieres vino?
b. Me gustaría ir a la ópera pero es muy cara.
c. A mí me gustan los gatos, pero no los perros.
d. No vamos a España sino a Cuba.
e. No hemos ido al parque porque hace frío.
f. ¿Tú hablas alemán e inglés?

17. Die Wortstellung im Satz

a. ¿Cómo se llama él?
b. Ella es alemana y ella estudia español aquí porque ella viaja mucho a España.
c. ¿Me puede decir cuánto cuesta el plato?
d. Perdone, ¿sabe usted cómo funciona esto?
e. Las bebidas las compro yo y tú compras el pan.

18. Die Verneinung

a. Yo no he viajado este año.
b. En Alemania casi nunca hace sol.
c. ¿Nunca has estado en Venezuela?
d. No he dormido nada.
e. No sé tocar ningún instrumento.
f. ¿Por qué no tomas algo?
g. Ya no hago deporte.

19. Die indirekte Rede

a. Carlos me preguntó si tenía dinero para prestarle.
b. El profesor dijo que hiciéramos estos ejercicios.
c. Teresa dijo que apagaras la radio.
d. El jefe me pidió que le llamara a las siete.
e. Oye, Ana quería saber si le había llamado alguien mientras estuvo fuera.

Lösungen der Niveaustufentests

Hier finden Sie neben der Auswertung Ihrer Ergebnisse auch Empfehlungen zur Verbesserung Ihrer Sprachkenntnisse.

Lösungen A1

1. Der Artikel

a. ✓ Los lunes voy a nadar.

b. ✗: richtig: Voy a México en marzo.

c. ✓ El señor Marín no está en la oficina.

2. Das Substantiv

a. cafés

b. papeles

c. flores

3. Das Adjektiv

a. Este es mi hijo menor.

b. Me regalaron una camisa y un pantalón azules.

c. Esas revistas son muy caras.

4. Das Personalpronomen

a. A mí no me gustan los huevos.

b. ¿Me ha llamado alguien a mí?

c. Os lo regalaré para vuestro cumpleaños.

5. Die Verben ser/estar/hay

a. Las hojas están encima de la mesa.

b. En el frigorífico no hay fruta.

c. La puerta es de cristal.

6. Das Präsens

a. ¿Cómo se llama tu padre?

b. ¿(Tú) sabes hablar chino?

c. Mi hija tiene veintiún años.

Empfehlung

1–6 Punkte: Ihre Kenntnisse stehen leider noch auf schwachen Beinen. Am besten nehmen Sie sich die Niveaustufe A1 gleich noch einmal vor.

7–12 Punkte: Prima! Sie haben bereits gute A1-Kenntnisse, allerdings punktuell noch Schwächen. Wiederholen Sie die Themen.

13–18 Punkte: Ausgezeichnet! Sie haben solide A1-Kenntnisse und können sich nun der Niveaustufe A2 zuwenden.

Lösungen A2

1. Das Substantiv

a. ✗ richtig: ¿Has apagado las luces?

b. ✗ richtig: Los viernes voy a la piscina.

c. ✓ Me gustan mucho los jerseys de lana.

2. Der Vergleich

a. Él habla menos idiomas que su mujer./Su mujer habla más idiomas que él.

b. La revista cuesta más que el periódico./La revista es más cara que el periódico.

3. Das Personalpronomen

a. Sí, ella ha venido conmigo.

b. Sí, se los he llevado.

4. Das Adverb

a. Ese viaje es muy caro.

b. Estoy cansado porque he trabajado mucho.

c. No he estado nunca en América Latina.

5. Das Indefinido

a. Anoche tú no cenaste en casa.

b. ¿A qué hora volvisteis vosotras del cine?

c. El año pasado nosotros estuvimos en Perú.

6. Perfekt, Indefinido oder Imperfekt?

a. De pequeña iba a menudo al campo.

b. Ayer me quedé en casa todo el día.

c. Este año hemos visitado dos veces a nuestra familia.

Empfehlung

1–6 Punkte: Sie befinden sich noch am Anfang des Niveaus A2 und sollten die Themen nochmals gründlich durcharbeiten.

7–12 Punkte: Gut so! Ihre A2-Kenntnisse sind schon weit gediehen. Bevor Sie sich B1 zuwenden, sollten Sie jedoch einige Themen nochmals anschauen.

13–16 Punkte: Ausgezeichnet. Sie kennen sich mit den Grammatikthemen der Niveaustufe A2 sicher aus und können die Niveaustufe B1 angehen.

Lösungen B1

1. Das Relativpronomen
a. Estos son los señores con quienes he hablado.
b. Los que quieran, pueden entrar ya.
c. La casa cuyo salón me gusta es muy cara.

2. Das Indefinido
a. ¿Oíste algo de lo que decían?
b. No trajimos los CD porque se nos olvidaron.
c. Ayer almorcé en el bar.

3. Der Subjuntivo Präsens
a. No, no creo que esté en casa.
b. No, no creo que mañana hablemos con el jefe.
c. No, no creo que venga a la fiesta.

4. Der Imperativ
a. ✗ richtig: Vengan conmigo, por favor.
b. ✗ richtig: No se lo preguntes a él.
c. ✓ ¡No llegues tarde!

5. Das Akkusativobjekt
a. ¿Has visto a la secretaria?
b. Se busca secretaria bilingüe.
c. ¿Has encontrado algo interesante?

6. Die kausale bzw. die temporale Konjunktion
a. Llama a la puerta antes de entrar.
b. No he salido pues hace frío.
c. Esperé hasta que me avisaron.

Empfehlung

1–6 Punkte: Für die Niveaustufe B1 sollten Sie nochmals alle relevanten Themen wiederholen.

7–12 Punkte: Prima! Sie haben schon einige B1-Kenntnisse, sollten aber die Themen überarbeiten, die Sie noch nicht sicher beherrschen.

13–18 Punkte: Ausgezeichnet! Sie haben das Niveau B1 im Griff und können nun die Niveaustufe B2 angehen.

Lösungen B2

1. Das Adjektiv

a. No ha estudiado y ahora es un triste empleado.
b. Esa es una gran noticia. Me alegro mucho.
c. No había casi nadie y al final no quedó más que un solo oyente.

2. Der Subjuntivo

a. Te deseo que tengas suerte en tu próximo viaje.
b. Me extraña que ella no pusiera/pusiese la calefacción con el frío que hacía anoche.
c. Es raro que el tren no haya llegado aún, ya tenía que estar aquí hace rato.

3. Der Subjuntivo im Que-Satz

a. ✗ richtig: Nos encanta ir al cine.
b. ✗ richtig: Es evidente que no sabe qué hacer.
c. ✓ Ha dicho que vuelvas pronto.

4. Der Subjuntivo im Temporalsatz

a. Me acostaré en cuanto termine de cenar.
b. Te lo conté cuando me enteré.

5. Der Subjuntivo im Konditionalsatz

a. Os lo cuento con tal de que no digáis nada.
b. Habría hecho un viaje si no hubiera/hubiese tenido que trabajar.
c. Llámame en caso de que necesites algo.

6. Der Subjuntivo im Relativsatz.

a. Conozco un dentista que es muy bueno.
b. No hay nadie que sepa más de música.
c. Estoy buscando un hotel que sea muy barato.

Empfehlung

1–6 Punkte: Für die Niveaustufe B2 reicht es leider noch nicht. Überarbeiten Sie die wichtigen Themen dieses Niveaus gründlich.

7–12 Punkte: Gut so! Das Niveau B2 haben Sie fast in der Tasche. Lediglich einige Themen sollten Sie nochmals anschauen.

13–17 Punkte: Ausgezeichnet! Sie haben Ihre Kenntnisse der Niveaus A1 bis B2 bewiesen.